Frank Lowinsky

# Astralwanderungen
### und luzide Träume

FRANK LOWINSKY

# Astralwanderungen
## und luzide Träume

Das Handbuch für Traumreisende

*Omega*

MIX
Papier aus verantwor-
tungsvollen Quellen
FSC® C014138

1. Auflage – August 2014

Copyright © 2014   Omega®-Verlag

Lektorat: Gisela Bongart M.A.
Satz & Gestaltung: Martin Meier
Covermotiv: fotolia

Druck: FINIDR, Český Těšín, Tschechische Republik

ISBN 978-3-930243-70-9

**Omega**®-Verlag, Gisela Bongart und Martin Meier (GbR)

D-52080 Aachen • Karlstr. 32
Tel: 0241-168 163 0 • Fax: 0241-168 163 3
e-mail: info@omega-verlag.de
www.omega-verlag.de

*Für meine Mutter
und meinen Vater*

# Inhalt

# TEIL II: WAS JETZT NOCH FEHLT

*Im Schlafe, wo der elementare Leib ruht,*

*ist der siderische Leib in seiner Generation,*

*denn derselbe hat keine Ruhe im Schlaf;*

*wenn aber der elementare Leib*

*dominiert und überwindet,*

*dann ruht der siderische.*

Paracelsus: *Astronomia Magna oder die ganze Philosophia Sagax der großen und kleinen Welt* (verfaßt 1537 – 38), Buch I, Cap. 7

# Vorwort

Das Phänomen des „Astralreisens", „luziden Träumens" oder „Klarträumens" ist in den letzten Jahren durch zahlreiche Publikationen bekannt geworden. In allen Zeiten und Kulturen finden sich Hinweise auf solche bewußt erlebten und gestalteten OBEs (Out of Body Experiences) oder Exkursionen in die Traumwelt. Die Fähigkeit, sich innerhalb eines Traums bewußt zu werden, daß man gerade träumt, und dann die Kontrolle über die eigene Traumwirklichkeit zu übernehmen, eröffnet spektakuläre Möglichkeiten: Einige nutzen heute den Zustand, um zum Regisseur eines Kinofilms oder Videogames im eigenen Kopf zu werden, beliebig über Traumlandschaften zu fliegen oder die Materie und die Elemente kraft des eigenen Willens zu beherrschen. Ernsthaftere Personen streben nach Erkenntnis über sich selbst und das Universum.

Im vorliegenden Buch finden Sie *alle Informationen*, die nötig sind, um dieses Erlebnis der Freiheit und Bewußtheit in einem anderen Bewußtseinszustand selbst erfahren und nachvollziehen zu können!

In Händen halten Sie einen Wanderführer für Traumreisende, der Ihnen in kurzgefaßter, schnörkelloser Form ein praxisorientierter, mit konkreten Erfahrungsberichten illustrierter Wegweiser in die Welt der luziden Träume sein kann – ein Handbuch, das wahre Magie lehrt.

# 1. Das Phänomen des luziden Traums

Es ist vielfach versucht worden, die Charakteristika luzider Träume in der trockenen Form sachlicher Analyse zu erfassen. Der authentische persönliche Bericht ist aber meines Erachtens wesentlich aufschlußreicher und aussagekräftiger. Dieser Weg ist daher die Methode der Wahl in diesem Buch! Alle hier wiedergegebenen Erlebnisprotokolle basieren auf eigenen Erfahrungen des Autors. Vorweg werden an dieser Stelle aber die Stimmen zweier Personen zu Wort kommen, die ein erstes Gefühl für den behandelten Gegenstand vermitteln sollen. Zunächst spricht Carlos Castañeda, einer der Kultautoren des *New Age*, und dann ein Biologe, der in den 1930er Jahren einschlägige Erfahrungen mit anderen Bewußtseinszuständen gesammelt hat.

Nachdem er sich unter Anleitung seines indianischen Lehrers Don Juan mit dem Saft des „Teufelskrautes" *(Datura metel)*, einer Stechapfelart, eingerieben hat, erlebt Carlos Castañeda eine luzide Flugerfahrung, die er in seinen Aufzeichnungen auf den 04.07.1963 datiert:

*„Ich erlebte eine Freiheit und Geschwindigkeit, die ich noch nie erfahren hatte. Die herrliche Dunkelheit gab mir ein Gefühl von*

*Traurigkeit, vielleicht von Sehnsucht. Es war, als hätte ich einen Platz gefunden, zu dem ich gehörte – die Dunkelheit der Nacht. Ich versuchte mich umzusehen, aber alles, was ich wahrnahm, war die ruhige Nacht, und doch hatte sie so viel Macht.*

*Plötzlich wußte ich, daß es Zeit war hinunterzugehen; es war als hätte ich einen Befehl bekommen, dem ich zu gehorchen hätte. Und ich begann wie eine Feder herabzutaumeln."*[1]

Wilhelm Mrsich wiederum berichtet von einem Erlebnis, das er während einer Walpurgisnacht gemacht hatte, in der er sich mit einer „Hexensalbe" eingerieben und in einem einsamen Waldstück in einen Kahn gelegt hatte:

*„Der Körper, den ich verlassen hatte, lag wie tot im Kahn. Ich selbst, mein Astralleib, oder wie man es nennen will, schwebte. Ein Wunsch, ein Gedanke genügte, um mich hinzubefördern, wohin ich wollte. Alle Bewegungen waren von euphorischen Lustgefühlen begleitet. Ich wünschte mich zum nächsten Baum – schon war ich dort."*[2]

Schließlich wünscht sich Mrsich zum Ort einer Walpurgisorgie und vermag dort einige der wundersamen Erlebnisse nach-

---

1   Castañeda, Carlos: *Die Lehren des Don Juan. Ein Yaqui-Weg des Wissens.* Frankfurt am Main 1973, S. 104

2   Mrsich, Wilhelm: *Erfahrungen mit Hexen und Hexensalbe*, in: Mensch und Schicksal, Juni 1957, S. 11 f.
   Weiteres zu den Erlebnisberichten Castañedas und Mrsichs findet sich bei Duerr, Hans Peter: *Traumzeit. Über die Grenzen zwischen Wildnis und Zivilisation*, Frankfurt am Main 1984, S. 133-135

zuvollziehen, die er aus den Berichten über den Hexensabbat kennt.

Solche und ähnliche Erlebnisse sind dem luziden Träumer möglich. Eine Stechapfelsalbe, LSD oder andere Psychedelika benötigt er dazu – das hat auch Carlos Castañeda später klar festgestellt – allerdings nicht.

## 2. Erste eigene Begegnungen

Daß man beileibe kein geborener „Oneironaut", Guru oder Meister des tibetanischen Traum-Yogas sein muß, um eine ordentliche Befähigung zum bewußten Träumen und Astralreisen zu erlangen, beweist mein eigener Fall! Ehe ich begann, mich intensiver mit dem Thema zu befassen, habe ich wie jeder andere Mensch mal mehr, mal weniger ausgeprägt geträumt und mir zumeist aus diesen nächtlichen Erlebnissen wenig gemacht.

Allerdings kann ich mich, auch das teile ich mit den meisten meiner Mitmenschen, an ein oder zwei besonders intensive Traumerlebnisse aus meiner Kindheits- und Jugendzeit erinnern. Leider bin ich nicht mehr in der Lage, sie genauer zu datieren, immerhin aber waren sie eindrücklich genug, um sie noch heute ausreichend detailliert aus dem Gedächtnis abrufen zu können.

So entsinne ich mich eines wunderschönen „Flugtraums". Ich flog mit einem Gefühl großer Leichtigkeit über den hinteren Schulhof der Realschule, die ich damals besuchte. Er lag im blauen Morgenlicht und war menschenleer. Die Sonne war dem Anschein nach gerade erst frisch aufgegangen, und daher war außer mir noch niemand vor Ort.

Alles, die Bänke am Rande der Grünanlage, das gesamte Umfeld, sah aus wie üblich. Deutlich konnte ich die im Flug unter mir wegziehenden Knochensteine sehen, mit denen der Hof gepflastert war.

Irgendwann aber nahm ich etwas traurig zur Kenntnis, daß es eine physikalische Unmöglichkeit war, vogelgleich über den Schulhof zu fliegen. Auf diesen Gedanken hin ergab sich ein Ortswechsel. Doch noch immer flog bzw. schwebte ich – jetzt jedoch zuhause in der Nähe des Türrahmens meines Zimmers. Das Zimmer hinter mir war dunkel (ich schlafe bis heute bei vollständig geschlossenem Rolladen). Und ich schwebte hinaus auf den vom morgendlichen Zwielicht erhellten Flur.

Neben diesem sonderbaren Erlebnis gab es mindestens *einen* Alptraum, in dem ich luzid wurde. Recht gut erinnerlich ist mir ein Traum, in dem meine tägliche Umgebung eine Rolle spielte, aber irgendwie trostlos und unerfreulich abgewandelt. Ich wurde von etwas Bösem durch ein renovierungsbedürftiges, unbehaustes Mietshaus (abblätternde Farbe, leere Fensterhöhlen, weißer Himmel draußen) gejagt, das dem ähnelte, in dem wir wohnten.

Als ich mir bewußt wurde, daß ich träumte, hielt ich in meiner Flucht inne und wollte so schnell wie möglich aus dieser unangenehmen Situation heraus. Ich griff zu einem einfachen Mittel, um mich aus dem Traum zu befreien: Ich kniff mir in den Unterarm. Die Traumszenerie zerfiel in eine tiefe Schwärze, in der es tief und sonor, aber auch irgendwie rhythmisch brummte und ich, genauer gesagt mein Kopf, vibrierte wie eine Stimmgabel. Es war nicht unangenehm (zumindest entsinne ich mich nicht, daß die Empfindung intensiv unangenehm gewesen wäre), eher befreiend, da ich wußte, daß es jetzt zurückging. Am anderen Ende des schwarzen Übergangs fand ich mich – tief erleichtert und erfreut über meinen gelungenen bewußten Ausstieg – in meinem friedlichen Bett wieder.

Interessant daran war, daß ich den Übergang vom Träumen zum Wachen hier vollbewußt miterlebt hatte; ein Ein- und Auftauchen aus einer zitternden, schnell von rechts nach links schwankenden Dunkelheit. Ich nehme heute an, daß das der „Schwingungszustand" der Esoteriker war. Erst viel später erfuhr ich aus den Büchern von Robert Peterson und Rupert Sheldrake, daß man die Phänomene, die ich da zufällig erlebt hatte, „luzides Träumen" nannte, und bekam Lust auf mehr...

# Trainingseinheit

## Suggestionsübungen

Die in den *Trainingseinheiten* dieses Buches wiedergegebenen Übungsbausteine bieten einen guten Überblick über den Werdegang meines Verfahrens, luzide Träume zu erzeugen. Es wird detailliert im Kapitel „Los geht´s!" dargestellt. Zudem liefern diese zwölf Trainingsbausteine eine breitere Palette unterschiedlicher Trainingsmöglichkeiten zur freien Auswahl. Dabei handelt es sich um einen bunten Strauß an Klartraumtechniken und eher traditionellen meditativen Techniken, die bedeutende Zwischenstationen auf meinem eigenen Weg waren. Der Leser kann sie als Anregungen für das eigene Training aufgreifen.

Zu betonen ist, daß die Trainingsbausteine Angebote sind. Die Maßnahmen müssen nicht zwingend und auch nicht in der gegebenen Reihenfolge abgearbeitet werden, um die Fähigkeit zum bewußten Träumen und Astralwandern zu erlernen! Es sind einfach Übungsformen, die ich bei meinen Versuchen als hilfreich und wirksam erlebt habe. Der Erfolg ist je individuell im Experiment zu überprüfen.

Der erste Baustein sind Suggestionsübungen, also Selbsteinflüsterungen, die das Klarträumen unterstützen können. Die dieser Übung zugrunde liegende Technik geht auf den französischen Apotheker Emile Coué (1857–1926) zurück, der die persönliche Überzeugung als wesentliches Mittel der

Selbstgestaltung und Selbstheilung entdeckt hat. Im Prinzip geht es darum, sich selbst bzw. das eigene Unterbewußte durch intensive und stetig wiederholte positive Selbstbestärkungen zu beeinflussen. Im Fall des Klarträumens und Astralreisens gilt es also, sich selbst darin zu bekräftigen, daß man über diese Fähigkeit verfügt und sie entwickeln möchte.

Dazu sollten die Selbstbestärkungen stets positiv und so formuliert sein, daß man ihnen aus innerster Überzeugung zustimmt! Sätze zu wiederholen, die nicht ernst gemeint sind oder deren Inhalt bezweifelt wird, ist nicht hilfreich.

Nach mannigfaltigen Experimenten habe ich für mich die Suggestionsformel *„Ich weiß, daß ich träume: Ich habe heute nacht einen ganz bewußten Traum!"* entwickelt, die ich zeitweise als sehr effektiv erlebt habe.

Obwohl hinsichtlich des Suggerierens häufig empfohlen wird, die Selbsteinflüsterungen tagsüber möglichst oft zu wiederholen (mindestens fünfzigmal!), habe ich dies als nicht sehr zielführend, sondern eher als beengend erfahren. Besser ist es meines Erachtens, gezielt beim morgendlichen Wiedereinschlafen bei geschlossenen Lidern zu suggerieren. Am wirksamsten ist die Methode, wenn es gelingt, den Inhalt der Suggestion so lange im Geist präsent zu halten, bis man sich kurz vor dem Moment des Einschlafens befindet. Dann ist die Chance am höchsten, daß die Suggestion in einem darauffolgenden Traum zur Wirkung kommt.

Neben dieser direkten und gezielt eingesetzten Suggestion sollte man auch im Auge behalten, daß neben bewußten Wünschen und Gedanken auch mehr oder minder beiläufige und zufällige Vorstellungsassoziationen einen suggestiven Einfluß entfalten können. Diese in der Regel wohl eher unbeabsichtigten Suggestionswirkungen können unerwünschte Folgen haben, wenn sich durch sie vermeidbare Behinderungen und Störfaktoren im Traum ergeben. Zwei Beispiele aus der OBE-Literatur mögen zur Illustration dieses Sachverhalts genügen:

- Nachdem Robert A. Monroe über eine „Silberschnur" als Verbindung seines Astralkörpers mit seinem physischen Körper gelesen hat, nimmt er in einer seiner nächsten OBEs diese Silberschnur erstmals selbst wahr. Die Silberschnur scheint eine Person, die eine Astralwanderung unternehmen will, an ihren physischen Körper zu fesseln. Unter Umständen kann sie den Betreffenden so an einer ausgedehnteren Exkursion hindern, da sie ihn auf einen Aktionsradius von wenigen Metern beschränkt.

- Robert Peterson wiederum liest einen parapsychologischen Artikel über Medialität und Geistermanifestationen und wünscht sich daraufhin, eine solche Manifestation als Beweis der Existenz von Geisterwesen zu erleben. In der Nacht hat er die erschreckende Vision einer Geisterhand, die vor ihm in der Luft schwebt.

Suggestive Einflüsse sollten generell nicht unterschätzt werden. Da ich selbst recht suggestibel bin, achte ich auf eine gewisse „Psycho-Hygiene" was die Auswahl der Filme und Bücher betrifft, die ich mir zu Gemüte führe. Zumindest an den Tagen, an denen ich mir einen OBE-Versuch direkt vornehme, vermeide ich Filme und Bücher mit aufregenden, gewalttätigen oder verstörenden Inhalten.

# Teil I

# AM EINGANG DES SCHLAFS

Wer Lust auf das Abenteuer bewußten und kontrollierten Träumens bekommen hat, wird sich als erstes für eine Möglichkeit interessieren, diesen besonderen Zustand des Bewußtseins zu erreichen. Die Darstellung einer Methode, mit der die luzide Traumfähigkeit erworben und gesteigert werden kann, wird daher im Folgenden gleich an erster Stelle stehen. Anschließend werden die vier Möglichkeiten, in einen bewußten Traum einzusteigen, sowie Techniken, den Traumzustand zu stabilisieren, anschaulich beschrieben.

# 3. Los geht's!

Meine Methode, in einen luziden Traum einzusteigen, habe ich „*Fernblick-Methode*" getauft. Bei ihrer Entwicklung und Erprobung habe ich gelernt, daß ich mich für einen erfolgreichen Versuch am besten um 5:30 Uhr morgens wecke (zur Winterzeit ein bis zwei Stunden später!), die Morgentoilette erledige – Druck auf der Blase ist ein echtes Hindernis! – und dann mit der Übung beginne.

Ein besonders günstiger Zeitpunkt für den Übungsbeginn ist gekommen, sobald das natürliche Morgenlicht das Schlafzimmer so weit erhellt, daß z. B. der schwarze Umriß der Hand und die Gegebenheiten im Raum klar und deutlich zu sehen sind. Die Lichtverhältnisse des frühen Morgens sind ein natürliches Signal für den Körper und den Geist, daß der erholsame Schlafzyklus abgeschlossen und die Nachtruhe nun beendet ist. Gerät man jetzt ins Träumen, erhöht sich die Chance, hierbei zu einem taghellen Bewußtsein zu gelangen, ganz erheblich.

Ob 5:30 Uhr am Morgen auch für Sie der richtig gewählte Zeitpunkt ist, können Sie entscheiden, wenn Sie das vierte Kapitel „Eulen und Lerchen" gelesen haben.

Um die Fernblick-Methode erfolgreich anwenden zu können, müssen vorweg zwei Begrifflichkeiten geklärt werden.

23

## a. Das Phänomen des Eigengraus

Wenn Sie jetzt die Augen schließen, werden Sie beim genaueren Hinsehen feststellen, daß das Sehfeld nicht einheitlich dunkel ist, sondern von einem farbigen Schleier überzogen scheint. Diese Erscheinung nennt sich „Eigengrau" oder „Eigenrauschen". Beim abendlichen Einschlafen und morgens, wenn es bereits hell ist, wirken die Lichtreizungen des Tages bzw. die Reize des Morgenlichts bei geschlossenen Augen nach und man sieht relativ deutliche Farbwahrnehmungen. Beim Erwachen in der Nacht sind die Farben des Eigenrauschens weniger intensiv wahrnehmbar, da die ausdauernde Lichtreizung der Nerven nicht gegeben ist.

## b. Die bewußte Anspannung der Bewegungsmuskulatur der Augäpfel

Rollt man mit den Augäpfeln, werden die Teile der Muskulatur, mit deren Hilfe die Augäpfel in ihren Höhlen bewegt werden, sehr eindrücklich spürbar. Schließt man nun die Augen und spannt die Bewegungsmuskulatur der Augäpfel gleichmäßig an, entsteht das Gefühl, als würde man die Augäpfel in den Augenhöhlen nach vorn drücken. Es fühlt sich an, als quöllen die Augäpfel unter den geschlossenen Lidern etwas nach vorn.

Halten Sie dieses etwas merkwürdige Gefühl der Muskelanspannung eine Weile lang aufrecht. Sie werden feststellen, daß diese Anspannung – im Gegensatz zu einer willentlichen Anspannung anderer Muskeln des Körpers – relativ ausdauernd durchgehalten werden kann, ohne Schmerzen oder Ermüdungserscheinungen zu erzeugen. Merken Sie sich dieses Anspannungsgefühl! Sie werden es für die Fernblick-Methode brauchen; es ist ein sehr effektives Handwerkszeug, das Ihnen helfen wird, sehr tiefe Konzentrationszustände zu erreichen.

Nun haben wir alles, was wir wissen müssen, und können loslegen! Nachdem Sie sich nach dem morgendlichen Aufstehen wieder zu Bett begeben haben, schließen Sie die Augen und wiederholen zur Einstimmung siebenmal im Geist: „Steige ein in den luziden Traum!" (die Siebenzahl rührt nicht von magischen Vorstellungen her, sie hat sich bei der Arbeit schlicht und ergreifend als praktisch erwiesen). Diesen Gedanken halten Sie anschließend im Hinterkopf fest. Nun beginnt das eigentliche Einschlafritual:

Halten Sie dabei die Augen weiterhin geschlossen. Fokussieren Sie Ihren Blick in natürlicher Weise (nicht schielen!) in die Ferne, spannen Sie hierzu die gesamte Bewegungsmuskulatur Ihrer Augäpfel deutlich an, so wie Sie es gelernt haben. Auf diese Weise schauen Sie geradeaus in Ihre jeweilige Blickrichtung. Ignorieren Sie die Farben und blicken Sie hinter dem ignorierten Farbschleier des Eigengraus in die Ferne, beobachten Sie dort Ihre gleitend fluktuierenden Einfälle und ganz von selbst hinzutretenden Gedankeninhalte als distanzierter, außenstehender Betrachter. Halten Sie dieses konzentrierte Sehen ausdauernd aufrecht. Natürlich dürfen Sie den so ausgerichteten Blick auch hin- und herschweifen lassen; das ändert nichts an der Sehübung.

Richten Sie alles ein wie beschrieben, und geben Sie sich keinen Zweifeln hin, ob Sie es richtig machen! Das deutlich angespannte Sehen kann sich manchmal etwas unangenehm anfühlen. Die unangenehmen Gefühle müssen aber ignoriert und durchgehalten werden, um die Übung wirkungsvoll zu gestalten. Die Anspannung bei der Sehübung beim Einschlafen wird ausdauernd praktiziert. Nötigenfalls konzentriert man sich erneut auf sie zurück, zum Beispiel nach dem bequemen Umlagern des Körpers im Bett. Das Rollen der Augen kann gegebenenfalls helfen, die Bewegungsmuskulatur zu spüren und, für den Fall, daß die Übung beendet werden soll, den Anspannungszustand wieder aufzulösen.

Es kann sein, daß Ihre Gedanken im Laufe dieser konzentriert aufrechterhaltenen Übung bildhaft werden und Ihnen dann – meist für Sekundenbruchteile, manchmal auch länger – als kleine Szenen vor Augen stehen. Wichtig ist in diesem Fall, diesen Wahrnehmungen als distanzierter, außenstehender Betrachter zu begegnen! Allzu starkes Interesse an diesen sogenannten „hypnagogen Wahrnehmungen", wie die Psychologen sie nennen, führt zu bewußtlosem Einschlafen und ganz gewöhnlichen, also unluziden Träumen.

Versuchen Sie auch keinesfalls, irgendwelche Bildwahrnehmungen durch Vorstellungsübungen herbeizwingen zu wollen! Die Beobachtung der sprunghaften und zufälligen Gedankenabläufe beim morgendlichen Wiedereinschlafen hat nichts mit verbissenen Willensakten zu tun; man gibt sich einfach dem morgendlichen Auf- und Abwogen der Einfälle und Gedankeninhalte hin.

Einige typische Erlebnisse vom 06.04.2013 geben Einblick darin, wie der hypnagoge Zustand üblicherweise wahrgenommen wird:

*Übungsbeginn 5:30 Uhr. Heute zeigt sich mal wieder, daß ich die Hypnagogie nicht immer nutzen kann, um in einen Klartraum weiterzukommen: Zuerst sehe ich eine Kreuzung aus Wasserfloh und Grünalgenzelle unter einem Mikroskop, dann viele kaum definierbare, schattenhafte und schnell wechselnde Nahansichten irgendwelcher Gegenstände, u. a. blicke ich auf Gerümpelhaufen aus alten Holzmöbeln und Korbstühlen. Dann nehme ich irgendwann einen pechschwarzen Himmel mit Konstellationen grellweißer Sterne wahr. Schließlich betrachte ich, wohl im alten Zimmer meiner Kindheits- und Jugendzeit, das voll bewegliche Modell eines Sternsystems, der weiße Stern, als leicht changierender Tischtennisball dargestellt, wird von einem riesigen marsähnlichen Planeten in einem merkwürdigen Eiertanz umkreist. Begleitet wird die Wahrnehmung von dem Gedanken, daß es auf dieser Welt kein Leben geben kann, so nah, wie sie um ihren Mutterstern rotiert.*

*Gegen 7 Uhr stehe ich kurz auf und lege mich dann wieder hin. Nun folgt noch der Einblick in einen halbdunklen, nur von schwachem Kerzenlicht erhellten Kirchenraum (?), dessen Tür von einem dunklen Schatten mit riesigem Hirschgeweih auf dem Kopf geöffnet wird. Als letztes deutliches Erlebnis schließt sich, jetzt unter freiem Himmel, die Begegnung mit einem hübschen dunkelhaarigen Mädchen mit rehbraunen Augen an. Das Mädchen fängt an, mir die Gründe für ihre vegetarische Lebensweise zu erklären. Schließlich wird mir klar, daß ich trotz der doch recht intensiven optischen und akustischen Pseudo-Halluzinationen heute wohl nicht weitergehen kann, und breche ab.*

Die Wahrnehmungen im hypnagogen Zustand müssen keineswegs nur optischer oder akustischer Natur sein! Es können auch Bewegungserlebnisse oder sonderbare taktile Erfahrungen auftreten. Einmal erlebte ich den Druck eines „Geister-fingers" an meinem Kopf!

05.01.2013

*Heute hatte ich beim langsamen Aufwachen aus einem Traum eine sehr seltsame hypnopompische (d. h. den Vorgang des Auf-wachens begleitende) Wahrnehmung. Ich hatte die Hände hinter dem Kopf verschränkt und sah die üblichen, blaß gefärbten, aber sehr beweglichen Farbfelder des Eigengraus im Gesichtsfeld her-umrasen. Zugleich aber spürte ich oben links am Schädel eine Berührung. Es war, als würde mir jemand einen Fingernagel fest in die Kopfhaut drücken. Der Druck des spitzen Fingernagels erschien mir vollkommen real und änderte sich nicht in seiner Stärke. Definitiv rührte dieses unangenehme Druckgefühl von keinem Finger meiner eigenen Hände her.*

*Ich war voll bewußt und hielt das Gefühl mindestens zehn Sekunden lang entschlossen aus, ohne irgend etwas zu tun, da ich wissen wollte, was weiter geschehen würde. Doch es tat sich nichts, der Finger verharrte bewegungslos an meinem Kopf. Erst als die hypnagogischen Farbwahrnehmungen verebbten und sich das gewohnte Bild des halbdunklen Schlafzimmers einstellte, schwand auch das Gefühl.*

Es ist möglich, daß Sie ähnliche, vielleicht sogar noch verrück-tere hypnagoge Erlebnisse haben werden, sobald Sie in die ausdauernde Konzentration auf die beschriebene Sehübung übergegangen sind.

Allzu oft passiert aber auch gar nichts dergleichen und es bleibt einfach dunkel vor Ihren Augen. Das Ausbleiben deutlicher hypnagoger Wahrnehmungen sagt jedoch nichts über die Qualität und die Erfolgschancen Ihrer Übung aus! Erzeugen Sie also keinen Erwartungsdruck in dieser Richtung!

Wie aber geht es denn nun weiter? Vier mögliche Wege stehen Ihnen offen.

## Trainingseinheit

## Gedächtnisinduktion luzider Träume (MILD)

Dieser Trainingsbaustein befaßt sich mit der faszinierenden Möglichkeit, luzide Träume aus der Erinnerung an zurückliegende Träume heraus zu induzieren. Die Technik der Gedächtnisinduktion oder mnemonischen Induktion (Mnemonic Induced Lucid Dream, kurz MILD) wurde von dem renommierten Klartraumforscher Stephen LaBerge entwickelt und in dessen Klassiker *Hellwach im Traum. Mehr Selbsterkenntnis und Selbstbestimmung durch bewußtes Träumen* vorgestellt.

Die Technik stellt neben der einfachen Autosuggestion das zweite Verfahren dar, mit dem ich versucht habe, die Anzahl meiner luziden Träume zu steigern. Es gibt Klarträumer, die auf diese Methode schwören. Andere meinen indes, sie sei der schlichten Suggestion nur wenig überlegen. Wie bei allen Techniken in diesem Bereich fallen Erfolg und Mißerfolg von Person zu Person sehr verschieden aus.

Im Kern funktioniert die Gedächtnisinduktion wie folgt: Unmittelbar nachdem man am Morgen aus einem Traum erwacht ist, wird dieser sorgfältig notiert und anschließend für mindestens zehn Minuten intensiv memoriert und reflektiert, wobei insbesondere auf Stellen oder Situationen im Traum zu achten ist, die einem die Tatsache verraten könnten, daß es sich bei dem Erlebnis um einen Traum handelt.

30

Anschließend begibt man sich wieder zu Bett und suggeriert beim Wiedereinschlafen mit geschlossenen Augen, daß man sich im folgenden Traum ans Träumen erinnern will. Des weiteren vergegenwärtigt man sich während des Suggerierens die zuvor festgestellten Traumanzeichen möglichst lebhaft. Funktioniert die Methode, stellt sich in einem der nächsten Träume dieses Morgens Luzidität ein, indem eines der zuvor memorierten Traumzeichen wiedererkannt und wiedererinnert wird.

Ein gutes Beispiel für diesen Vorgang stellt ein Traum dar, in welchem ich eines Morgens einem meiner Arbeitskollegen, Herrn H., in meinem eigenen Badezimmer begegnete. Wie mir nach dem Aufwachen aus diesem Kurztraum klarwurde, erschien diese Situation so unrealistisch und absurd, daß sie als deutliches Traumanzeichen bestens taugte. So nahm ich mir vor, luzid weiterzuträumen, sobald mir im nächsten Traum Herr H. begegnete.

Tatsächlich fand ich mich nach dem Einnicken in einem Traum wieder, der sogar bis in die szenischen Details dem ersten ähnelte. Diese Tatsache löste bereits einen gewissen Verdacht aus, daß hier etwas nicht stimmte. Und als Herr H. aus der Badezimmertür trat, stellte sich umgehend die volle Luzidität ein.

# 4. Eulen und Lerchen

Mit „Eulen" und „Lerchen" werden in der Schlafforschung zwei unterschiedliche Schlaftypen beschrieben. Als „Eulen" werden Personen bezeichnet, die in den Abend- und Nachtstunden noch sehr wach und aktiv sind, dafür aber morgens noch lange schläfrig bleiben und mitunter als typische „Morgenmuffel" in Erscheinung treten.

„Lerchen" werden demgegenüber gegen Ende des Tages schnell müde, sind dafür aber als Frühaufsteher in den Morgenstunden typischerweise schnell munter, voll aktiv und wach.

Je nachdem, welchem Schlaftyp Sie sich zuordnen, hat dies wesentlichen Einfluß darauf, wann für Sie die beste Zeit ist, eine Astralprojektion oder – wenn Sie diese Benennung vorziehen – den Einstieg in einen Klartraum zu versuchen.

„Lerchen" haben den Vorteil, daß sie sich bereits zu vergleichsweise früher Morgenstunde in einem optimalen Zwischenstadium zwischen Wachheit und Müdigkeit befinden und so auch an Werktagen, wenn berufsbedingt recht früh aufgestanden werden muß, durchaus eine erfolgreiche Exkursion durchführen können.

„Eulen" sind um die Zeit des Morgengrauens meist noch zu schläfrig, um einen aussichtsreichen Versuch zu starten, da die Konzentration beim allzu schnellen und tiefen Einschlafen nicht lange genug gehalten werden kann. Dafür können Eulen an freien Tagen und am Wochenende sehr ausgedehnte Projektionssitzungen absolvieren, die sich durchaus bis zur Mittagszeit erstrecken können.

Zu welchen Uhrzeiten Sie die meisten und besten Ergebnisse erzielen, müssen Sie individuell im Experiment austesten. Die oben angeführten Zeitangaben beziehen sich auf meine persönlichen Erfahrungen als eine beinahe exemplarische „Lerche". Der „Weg der Lerche" läßt sich auch an den Einträgen in meinem Blog gut nachvollziehen. Da ich am Morgen alsbald zu wach bin, um wieder in den Schlaf zurückzufinden, ist mein Zeitfenster im Vergleich zum „Weg der Eule" recht eng; optimal beginnt die Übungszeit zwischen 5 und 6 Uhr morgens. Später gelingt mir nur in Ausnahmefällen eine Projektion.

Wer dagegen eine rechte Eule ist, findet vielleicht die Zeitangaben des US-amerikanischen Astralprojektors Robert Peterson hilfreicher als die meinigen:

**„Wie sieht eine typische OBE-Sitzung aus?**
Bei einer typischen Sitzung wache ich von allein gegen 6.30 Uhr auf. Ich stehe auf, gehe ins Bad und trinke dann etwas Koffeinhaltiges. Ich bleibe etwa eine halbe Stunde auf, um meinen Geist zu klären. Zu dieser Stunde bin ich normalerweise zu müde, deshalb gehe ich wieder ins Bett und schlafe noch eine Runde. Gegen 7.30 Uhr wache ich wieder von allein

auf, strecke mich und beginne meinen ersten Versuch. Nach etwa zwanzig Minuten gebe ich auf, drehe mich um und schlafe wieder ein.

Wenn ich aus diesem Schlafzyklus erwache, starte ich meinen zweiten Versuch. Wieder bleibe ich etwa zwanzig Minuten am Ball, ehe ich aufgebe. Gewöhnlich habe ich beim zweiten oder dritten Anlauf Erfolg. Wenn ich es bis 11.30 Uhr nicht geschafft habe, beende ich die Sitzung."[3]

---

3    Peterson, Robert: *Praxis der außerkörperlichen Erfahrung.* 4. Aufl. Aachen 2007, S. 275.

# 5. Vier Wege

Wird die beschriebene Methode angewendet, gibt es vier verschiedene Möglichkeiten, wie sich der Einstieg in einen luziden Traum vollziehen kann.

Sich dieser vier Wege bewußt zu sein, ist essentiell. Über welchen der Wege sich letztlich der Einstieg vollzieht, läßt sich zu Beginn der Übung nicht festlegen! Nur sehr geübte Klarträumer können bis zu einem gewissen Grade beeinflussen, über welchen Weg sie in den luziden Traum einsteigen wollen. Hegen Sie also keine Erwartungen, treffen Sie keine Festlegungen, wie der Einstieg in den bewußten Traum erfolgen wird. Sonst geht die Offenheit und damit die Flexibilität des eigenen Reagierens verloren!

Eine Grundregel: Was erwartet wird, ereignet sich nicht! Die korrekte Grundhaltung, die das Üben unterstützt, läßt sich dagegen wie folgt beschreiben: Sei offen, laß es auf dich zukommen, und schau gelassen, was sich ergibt!

Und dies sind die vier Wege in den Klartraum:

## a. Falsches Wachliegen

Nachdem man die Konzentration auf die Sehübung eingerichtet hat, liegt man nun schon seit einiger Zeit gemütlich und entspannt im Bett. Nach wie vor ist man dabei der Meinung, unverändert wach im Bett zu liegen. Dabei ist man inzwischen ohne merkliche oder erinnerliche Bewußtseinsunterbrechung in den Traumzustand übergegangen. In Wirklichkeit träumt man also nur noch, wach und auf die Aufgabe konzentriert dazuliegen!

04.04.2013

*Gestern nacht beim Einschlafen, irgendwann nach 0 Uhr, spielte ich mit den hypnagogen Bildern. Diesmal waren vor allem detaillierte Blicke auf Lkw-Räder mit sehr eigentümlichen, überkomplizierten Aufhängungskonstruktionen geboten. Nach dem Aufwachen am Morgen fuhr ich, nachdem ich die Jalousien verdunkelt hatte, mit diesen Übungen fort. Jetzt gab es u. a. Eindrücke von einem undefinierbaren, auf dem Boden ausgebreiteten Gerät. Die Apparatur bestand aus einem schwarz lackierten Kästchen mit einem silbernen Schalltrichter obenauf. Dieses Kästchen war mit chromfarbenen Röhren mit anderen schwarz glänzenden Kästchen verbunden.*

*Beim Üben mußte ich irgendwann bei Bewußtsein eingeschlafen sein, ohne es zu bemerken. Scheinbar auf dem Bauch liegend beschäftigte ich mich alsbald mit einem Buch, das so etwas wie meditative Mandalas enthielt. Wenn man diese ausmalte, würde man sich, so zumindest verstand ich die Sache, in einen luziden Traum aufschwingen können. Mit fahrigen Holzstiftstrichen malte ich das flatternde Gewand einer fliegenden Hexe rot an.*

*Dann bemerkte ich, daß linkerhand ein anderes Buch aufge-
schlagen neben mir lag. In dem Buch, das über Kopf vor mir auf
der Matratze lag, gewahrte ich eine seitenfüllende Buchmalerei,
die eine weitere Zauberin zeigte, eine wunderschöne nackte Frau,
die schlafend mit ernstem Gesicht auf einer blauweiß glühenden
Sternschnuppe, einem Eisenmeteoriten, durch die nachtschwarze
Atmosphäre hoch über der Welt jagte. Kurz darauf bemerkte ich
noch die fliegenden Seiten eines weiteren Buches relativ direkt vor
meinen Augen und unternahm dann einen Exkursionsversuch.*

*Ich drehte mich aus der Bauchlage nach links und führte einen
gelingenden Fingertest durch (was es damit auf sich hat, wird im
Kapitel „Was ist real? Der Realitätstest" geklärt!). Ich stieg über
meinem Bett in die Höhe, bemerkte aber, als ich die Augen öffnete,
daß ich mich scheinbar nach wie vor im Bett befand; die Blickper-
spektive und das Fluggefühl waren nicht miteinander übereinzu-
bringen. Daher schloß ich die Augen wieder, stieg recht rasant auf
und betastete die Rauhfasertapete in der Zimmerecke links über
meinem Bett; ich fühlte eindeutig die kühle, hügelige Struktur.*

*Als ich nun das zweite Mal die Augen öffnete, ergab sich aber-
mals dieselbe Irritation wie beim ersten Versuch: Ich blickte mit
leicht erhobenem Kopf vom Bett aus hinüber zum Kleiderschrank
und registrierte noch die Farbe meiner Bettwäsche. Nochmals
schloß ich die Augen, doch gelang es mir nicht, den OBE-Zustand
zu halten. Ich spürte, daß ich in eben der Körperlage erwachte,
wie ich sie eben im Traum erlebt hatte. Es war 7:42 Uhr.*

24.04.2013

*Das Projizieren klappt jetzt ziemlich ordentlich. Nachdem ich
diesen Morgen eine Zeitlang geübt und mich selbst ermahnt habe,*

*daß ich noch geduldiger und gelassener werden muß, schaue ich schließlich von einem Flur aus in ein Schlafzimmer, das meinem ähnelt, nur daß jetzt drei schmale Betten darin stehen. Drei meiner Schüler, A., H. und B., sind dort und erzählen mir stolz, daß sie heute morgen in kürzester Zeit irgendein seltsames Zählspiel abgeschlossen hätten, bei dem es irgendwie darum ging, sich so schnell wie möglich in 500er Schritten bis 50.000 hochzuarbeiten. Ich sage zu den Kindern so etwas wie: „So ein Traum ist doch nicht für solch komische Prozeduren da, sondern einfach zum Spazierengehen oder so etwas!"*

*Kaum habe ich diese Bemerkung geäußert, finde ich mich auf einem von der Nachmittagssonne erhellten Feldweg in den Wingerten westlich meines Hauses wieder und bemerke, daß ich mich in dieser Traumszene tatsächlich frei und ungehindert bewegen kann. Das bewußte Einschlafen hat also funktioniert! Als ich mich ein wenig zur Seite drehe, finde ich mich mit geschlossenen Augen in meinem Bett wieder, führe zur Absicherung der Bewußtheit einen Fingertest durch und denke: „Jetzt aufwärts schweben!"*

*Zuerst lasse ich die Beine aufwärts driften, dann lasse ich den Oberkörper und den Kopf folgen, so daß ich schließlich circa 20 Zentimeter über der Matratze schwebe. Mit den Armen schwingend will ich mich unter die Zimmerdecke bringen. Da es aber nur langsam vorangeht und ich mir zugleich bewußt bin, daß mein Nickerchen wohl nicht besonders tief ist, entschließe ich mich, nach links zu treiben, um aus dem Bett aufzustehen. Als ich versuche, die Füße neben dem Bett auf den Boden zu bringen, wache ich auf. Es ist 7:35 Uhr; die Übungszeit begann heute um 6:24 Uhr.*

## b. Falsches Erwachen

Dabei handelt es sich um das Gegenstück zum falschen Wachliegen. Nach einer gewissen Bewußtseinsunterbrechung glaubt man, soeben im Bett erwacht zu sein, stellt aber aufgrund einiger eigentümlicher Gegebenheiten fest, daß man nur davon träumt, aufgewacht zu sein! Das Riskante an dieser Variante: Es kommt – wie beim falschen Wachliegen im Übrigen auch – immer mal wieder vor, daß das falsche Aufwachen nicht als solches erkannt wird. Dann verpaßt man eine Gelegenheit, auf eine luzide Exkursion zu gehen.

13.02.2012 zwischen 2:54 und 4:13 Uhr

*Nach dem Erwachen geriet ich in einen merkwürdigen Zustand, in dem ich nach links zum Flur hin sah und dabei bemerkte, wie das Bild vor meinen Augen schaukelte, als seien meine Augäpfel in eine „pulsierende" Bewegung geraten. In diesem Zustand konnte ich den Zeigefingertest erfolgreich durchführen, ziemlich mühelos nach links aufstehen und – leicht schwer wie müde, aber ohne Probleme – in den Flur gehen.*

*Ich befand mich bereits mitten auf dem Flur und wollte gerade zum Flug abheben, als ich mich erinnerte, doch im Zimmer bleiben zu wollen und mich erst einmal zu „festigen". Zwar hatte ich noch keine Veränderung bemerkt, die einen Zusammenbruch des luziden Traumzustandes befürchten ließ, aber ich entschloß mich dennoch, mich durch das Abtasten meines Körpers zu festigen und zu stabilisieren.*

*Sodann betrat ich das Badezimmer. Dort erschien mir alles normal, aber für die frühe Morgenstunde vielleicht einen Tick zu hell. Der aufgeschlagene DUDEN lag auf der Waschmaschi-*

*ne, die rechte Seite war zur Hälfte erhellt, als läge ein besonde-*
*res Licht darauf. Ich schlug ihn zu und legte ihn – der Länge*
*nach – an den rechten Maschinenrand. Dann legte ich ihn quer*
*und dachte dabei daran, daß es doch interessant wäre, wenn sich*
*seine Lage nach dem Aufwachen wirklich verändert hätte! An-*
*schließend öffnete ich die Küchentür, die ich – wie ich mich erin-*
*nerte – gestern abend tatsächlich geschlossen hatte.*

*Auch in der Küche wirkte soweit alles wie gewohnt, nur war*
*es dem Licht nach zu urteilen so, als wäre das Deckenlicht ein-*
*geschaltet. Auf der Spüle stand eine große bräunliche (?), paket-*
*artige Tüte, die in mir die Assoziation „Teepaket" erweckte. Das*
*Spülbecken war randvoll mit unsauberem Wasser (Haferflocken*
*schwammen darin herum) und Geschirr.*

*An dieser Stelle erwachte ich. Der Duden war natürlich nicht*
*zugeschlagen. Und im Spülbecken stand nicht so viel unsauberes*
*Geschirr. Auch das voluminöse „Teepaket" gab es dort nicht.*

Eine interessante und gar nicht mal so selten vorkommen-
de Sonderform des falschen Erwachens liegt vor, wenn man
sich in ungewöhnlicher, liegender oder kauernder Haltung in
Bauch-, Seiten- oder Rückenlage mitten in irgendeiner fremden Traumumgebung wiederfindet. Das gewohnte dunkle
oder halbdunkle Schlafzimmer wurde hier eben bereits vollständig durch eine geträumte Szenerie ersetzt.

10.04.2012

*Traumende beim Weckerklingeln um 5:37 Uhr – ein seltsamer,*
*irgendwie bedrückender Traum. Zu Beginn befinde ich mich in*
*einem dunklen Keller mit einem Maurer. Der Handwerker be-*

hauptet mir gegenüber steif und fest, einen bestimmten Handgriff (Hammerschlag, irgend etwas in die Wand schlagen) bereits ausgeführt zu haben, obgleich er gar nichts getan hatte.

Willkürlich wechselt die Szene, und ich liege unter freiem Himmel plötzlich am linken Seitenstreifen einer Landstraße. Das Gesicht in Bodennähe, blicke ich entgegen der Fahrtrichtung die Straße entlang. Es ist sonnig. Und ich liege bäuchlings halb auf dem Grün der Böschung und dem grauen Straßenbelag mit dem weißen Strich der Fahrbahnbegrenzung. Nahe vor mir erkenne ich jetzt ein Auto älteren Modells, an dessen Steuer ein bärtiger Mann mit grauem Pferdeschwanz sitzt. Der Mann ähnelt S. bzw. einer Person, die ich im Ostergottesdienst beim Abendmahl gesehen hatte.

Sein Fahrzeug befindet sich scheinbar in voller Fahrt, kommt aber seltsamerweise dennoch nicht voran. Auch fährt der Wagen als Geisterfahrzeug so weit auf der linken Straßenseite, daß er auf der Fahrbahnbegrenzung und dem Böschungsgrün entlangrollt und mich zu überfahren droht! Der Mann ist (wie ich genau weiß!) gedanklich ganz mit sich selbst beschäftigt und bemerkt mich nicht. Er erscheint mir als eine erschreckende und übelwollende Person.

Der Traum wirkt derart unangenehm, blöd und wirr auf mich, daß es mir gelingt, mich von ihm zu lösen. Ich denke: „Das ist mir zu blöd!", steige aufwärts und übernehme die Kontrolle über den Traum. Halb meine ich schon, die Szenerie des Traums würde sich jetzt gleich auflösen, doch sie bleibt in gewisser Weise erhalten. Die Situation ändert sich nur insofern, als der Eindruck, mich unter freiem Himmel zu befinden, verschwindet.

*Ich schieße nunmehr in einer großen Halle (gleich einer Sport-halle) unter der grauem Decke entlang und durchmesse den Raum in ein oder zwei schnellen Kreisen der Höhe und Breite nach. Dabei kollidiere ich einmal absichtlich mit dem bedrohlichen und übelwollenden Mann mit dem Pferdeschwanz, der nun ohne sein Auto unkontrolliert in der Luft umherfliegt. Ich will ihm unmißverständlich klarmachen, wer in diesem Traum nun das Sagen hat. Der Mann nimmt die Kollision teilnahmslos hin, fliegt in einem Vorwärtspurzelbaum sich überschlagend unkoordiniert in der Luft herum und schaut dabei irgendwoanders hin, als habe er mich gar nicht bemerkt. Die Aussage, daß ich nun das Sagen habe, wiederhole ich auch im weiteren Flug noch einige Male in meinem Geist.*

*Der Boden der Halle scheint merkwürdigerweise einer Rasenfläche zu gleichen, die von einem aus Steinplatten gefügten Gehweg durchzogen ist. Diese Rasenfläche liegt im Zwielicht der Halle, die von dem durch die Oberlichter fallenden Tageslicht erhellt ist. Schließlich erwache ich, weil der Wecker klingelt.*

OBEs, die aus dem falschen Erwachen oder Wachliegen heraus ausgelöst werden, sind – wie die Schilderung vom 04.04.13 schon anklingen läßt – durch eigenwillige Schwierigkeiten und Hindernisse gekennzeichnet, mit denen umzugehen man ohne brauchbare Hilfestellungen nur sehr sehr mühsam lernt.

06.07.2012

*Ende des Erlebnisses um 8:31 Uhr: Die Bewußtheit über meinen Zustand trat in dem Moment auf, als ich gerade aus einem Traum über die Schule „auftauchte". Mein letzter Gedanke in* diesem Traum war, daß ich mir Ferien wünschte, weil ich doch so müde und lustlos war. Schließlich stellte ich fest, daß ja noch Ferien waren, mehr noch – es war gerade mal die erste Woche der Sommerferien.

Ab jetzt zeitlich völlig orientiert, hatte ich zunächst den Eindruck, ich läge einfach mit geschlossenen Augen wach im Bett. Auf der linken Seite liegend sah ich irgendwann einen Schwarm gelber Punkte durch mein Gesichtsfeld rauschen. Sodann tauchte vor mir ein mir unbekanntes männliches Gesicht auf, das wie ein Spiegelbild nahe vor meinem eigenen schwebte. Im Anschluß daran war kurz ein merkwürdiges Alienwesen, ähnlich einer bräunlichen Spinne oder einer Gottesanbeterin mit feinen, gelben, haarigen oder warzigen Aufsätzen am Panzer, zu sehen (eine Assoziation zu dem Schwarm gelber Punkte?).

Ich dachte mir bei diesen sonderbaren hypnagogen Eindrükken erst nichts weiter, hatte aber dann doch die Idee, einen Versuch zu machen, im Traumkörper aufzustehen. Ich erhob mich, drehte den Oberkörper zur Seite und lag dann bäuchlings mit geschlossenen Augen mit dem Gesicht in Richtung Flur. Ich fühlte mich müde und schwer und meinte zunächst, daß es wohl kaum geklappt habe. Dennoch probierte ich einen Zeigefingertest.

Nach dem Aufsetzen des Zeigefingers fühlte sich im ersten Moment alles „normal" an, doch mit einem gewissen Nachdruck sank er – fast erwartete ich dies jetzt! – doch durch meinen Handrücken hindurch! Jetzt hatte ich Klarheit! Ich riß die Augen auf, doch entgegen meiner Erwartung waren meine Arme und die vom Zeigefinger durchdrungene Hand nicht zu sehen, genauer: Sie waren nur für Sekundenbruchteile wahrzunehmen, wurden dann transparent und verschwanden.

*Meine Körperlage war nicht weniger eigentümlich: Ich lag in einer Weise verdreht im Bett, wie es nur möglich gewesen wäre, wenn man mein Skelett zuvor vollständig extrahiert hätte! Wenn ich geradeaus sah, hatte ich jetzt die Zimmerdecke im Blick. Nur mit Zwang gelang es mir, meinen Kopf zu heben und zur Seite zu wenden, so daß ich wieder die vom Morgenlicht erleuchtete Wohnzimmertür sah.*

*Nun versuchte ich aufzustehen, fühlte mich aber schwer. Wie so oft in letzter Zeit hing ich fest. Wie ich es mir zuvor vorgenommen hatte, schloß ich die Augen und dachte daran, aufwärts zu schweben, doch es tat sich nichts. Ich probierte im Brustschwimmstil seitwärts nach oben zu stoßen, doch auch das brachte mich nicht frei.*

*Schließlich verging der OBE-Zustand, und ich lag voll erwacht im Bett. Nach dem Aufwachen fühlte ich mich frustriert, weil das Problem, den erreichten Zustand des „falschen Wachliegens bzw. Erwachens" aufgrund des „Festhängens" im Bett nicht mehr nutzen zu können, in letzter Zeit andauernd auftrat und jede Exkursion vereitelte. Ich überlegte mir, daß das Rollen meines Traumkörpers über die Matratze meines Bettes die einzige Bewegungsart war, die mir in den letzten Wochen ein Davonkommen ermöglicht hatte. Dazu drehte ich mich jeweils um meine eigene Körperachse, bis ich frei war.*

*Ich beschloß daher für die Zukunft, diese Technik allen anderen Möglichkeiten vorzuziehen, sei es dem Aufwärtsschweben durch Gedankenkraft oder dem Versuch, sich mit Gewalt „loszureißen".*

Wie im Vorangegangenen deutlich wurde, können die Probleme mit dem „Loskommen" im falschen Aufwachen oder Wachliegen schon recht nervig und ärgerlich sein. Es fällt auf, daß man dabei meist mit zwei unterschiedlichen Hemmnissen oder deren geballter Kombination konfrontiert ist. Im einen Fall stellt sich eine Doppelwahrnehmung von Traumkörper und physischem Körper ein; im anderen wird diese Doppelwahrnehmung durch das Gefühl ergänzt oder ersetzt, unheimlich schwer zu sein.

Will man aufstehen, fühlt man sich, als müßte man gegen einen enormen Widerstand ankämpfen, oder es ergibt sich der Eindruck, der Traumkörper klebe irgendwie im physischen Körper oder auf der Matratze selbst fest. Oft kämpfte ich dann eine Weile gegen diese Behinderungen an und erwachte dann ermattet und ein wenig frustriert, diesen Kampf mit mir selbst verloren zu haben. Ich hatte lange mit diesen Schwierigkeiten zu kämpfen, und sie raubten mir so manche Exkursionsmöglichkeit, bis ich endlich lernte, das Problem auf überraschend einfache Weise in den Griff zu bekommen:

09.05.2013

*Nach dem Übungsbeginn um 5 Uhr fiel ich in Träume, in denen gut und gern drei prä-luzide, also halbbewußte, Momente, gezählt werden konnten. Obwohl der Morgen inzwischen schon fortgeschritten war, wollte ich noch nicht aufgeben und probierte es mit der Körpertechnik, also der bewußten Achtsamkeit auf mein Körpergefühl. Halbrechts in der Rückenlage liegend rollte ich mich nach rechts auf die Nachbarmatratze des Doppelbetts und wußte aufgrund des Körpergefühls, daß das Experiment geklappt hatte.*

*Leider öffnete ich die Augenlider. Und es war, als läge ich nach wie vor in der Ausgangslage auf dem Rücken. Diese asynchrone*

*Wahrnehmung führte unmittelbar zur Wiedervereinigung mit dem physischen Körper. Das Gefühl, daß weitere Ablösungsversuche möglich waren, blieb aber bestehen.*

*Ich schloß die Augen und versuchte davonzuschweben. Sobald ich die Augen öffnete, schien es – entgegen dem Körpergefühl – jedoch so, als wäre ich keinen Millimeter vorangekommen. Wiederum schloß ich die Augen und probierte nun, aufwärts zu schweben, um mich in eine stabile, stehende Position auf meiner Matratze zu bringen. Schließlich schwebte ich zur Seite von der Matratze herunter und setzte mich neben dem Bett auf den Füßen ab.*

*Während der ganzen Operation hatte ich die Lider geschlossen gehalten und sah nach wie vor nichts. Ich ging schon die ersten Schritte, als ich ein drittes Mal versuchte, mit den Augen zu sehen. Erneut trat aber dasselbe Phänomen wie zuvor auf; ich wurde augenblicklich mit meinem im Bett befindlichen Körper vereint und erwachte. Es war 8:21 Uhr.*

*Der Hinweis von R.A. Monroe, die Augenlider geschlossen zu halten, nur daran zu denken, sehen zu wollen, und ansonsten geduldig zu warten, bis sich die Sehfähigkeit schließlich auf diesem Wege einstellt, scheint also richtig zu sein. Ich nehme mir fest vor, das beim nächsten Mal zu beachten.*

Noch frustrierender, als sich mit den Problemen des „Loskommens" und der Doppelwahrnehmungen beim falschen Erwachen herumschlagen zu müssen, ist es, wenn man „auf der anderen Seite" ganz direkt genarrt und um die Bewußtseinsklarheit förmlich betrogen wird. Irgendeine den gewöhnlichen Traum bewahrende Instanz kommt einem dabei mit geradezu verblüffend listigen Schlichen – eine Tatsache, deren man sich unbedingt bewußt sein muß, um ihr nicht auf den Leim zu gehen!

Und so kann es einem ergehen, wenn man „auf der anderen Seite" verladen wird:

20.05.2013

*Um 5:38 Uhr beginne ich zu üben; nach einer Weile der Konzentration fühle ich mich, als könne ich zum Kopfende des Bettes davonschweben. Ich versuche dem Impuls zu folgen, führe dabei eine Linksdrehung im Bett aus und komme schließlich zu dem Schluß, daß ich mich getäuscht haben müsse und kein Loskommen möglich sei.*

In die Bauchlage umgedreht, betrachte ich das Kopfkissen und das Kopfbrett des Bettes; beides ist in ein blendungsfreies Neonlicht getaucht. Links hängt ein weißes Kabel mit einem weißen Lichtschalter über das Kopfbrett herunter. Mit dem Schalter kann das Neonlicht bedient werden. Es wurmt mich, es nicht geschafft zu haben, führe aber zur Sicherheit den Fingertest durch, der mir eindeutig sagt, wach und in keinem Traum zu sein (selbst diese sonst absolut zuverlässige und bewährte Testmöglichkeit versagt diesmal!). Ich beende die Sache und schließe die Augen, um es noch einmal zu versuchen.

Zwischendurch bekomme ich es dabei mit einer seltsamen hypnagogen Wahrnehmung zu tun: Ich kann eines meiner eigenen Augen als eine hellgrüne Leuchterscheinung mitten in meinem Gesichtsfeld schweben sehen und die Details meiner Iris studieren. Die grelle Wahrnehmung stört mich irgendwann. So bewege ich die Augen und sie verschwindet.

Am Ende schleicht sich ein unluzider Traum dazwischen, der an meinem Arbeitsplatz spielt. Erst als ich aus diesem erwache, begreife ich, daß ich vorhin doch erfolgreich auf der „anderen Seite" angekommen war, mir dies aber – eingeengt und kanalisiert wie das Bewußtsein übungsbedingt war – entgangen war! Statt dessen habe ich mir über die scheinbar mißlungene Loslösung Gedanken gemacht und darüber gar nicht bemerkt, daß es in meinem Bett keine weißen Lichtschalter und erst recht keine Neonleuchte gibt! Was soll´s, vom „falschen Wachliegen" und fehlschlagenden Realitätstests wird man bei diesen Übungen immer mal wieder genarrt.

Mitunter kann das „falsches Erwachen" aber auch als Traumstabilisierungsstrategie (deren Bedeutung wird noch eigens zu erläutern sein!) genutzt werden: Verschwimmt und verdunkelt sich eine Traumszenerie und das Erwachen kündigt sich an, wünsche ich mir ein „falsches Erwachen" und erwarte, auch in den nächsten Träumen klar zu werden! Mit dieser Methode sind, insbesondere wenn man diesen Wunsch schon zu Beginn eines luziden Traums deutlich artikuliert, gleich mehrere luzide falsche Erwachenserlebnisse hintereinander möglich!

30.12.2011

*Irgendwann nach 4 Uhr morgens intensiver Klartraum mit „außerkörperlichen Erlebnissen". Paul Tholeys Tip, daß man bis zu sechs Klarträume in einer einzigen Nacht erleben kann, indem man sich während des Klarträumens vornimmt, im nächsten Traum wieder klar zu werden, spielte bei dieser Traumerfahrung eine Rolle und führte zu einer bemerkenswerten Aufreihung von luziden „falschen Erwachen". Der Traum endete gegen 6:30 Uhr.*

Ich experimentierte mit Klartraumsuggestionen, schlief irgendwann ein und landete in einem zeichentrickartigen Traumbild, eine Art Ritterfestspiel mit Zelten. Ich betrachtete die Szenerie aufmerksam, lehnte sie aber ab, da sie mir zu wenig detailliert und interessant erschien. Schließlich konnte ich mich von der unwirklichen Szenerie lösen und befand mich in meinem Bett, wo ich mit dem üblichen Zeigefingertest den Traumzustand feststellte.

Ich entschloß, rechts neben meinem Bett durch den (im Traum) leicht geöffneten Rolladen an der Balkontür zu fliegen. Dieses Türdurchfliegen brachte mich in einen anderen Raum, einen kleinen luftigen Balkon, der – wie der Balkon meines Appartements auch – mit beigefarbenen länglichen Bodenplatten ausgelegt war. Der Himmel war nächtlich schwarz. Dennoch konnte ich gut sehen, da der geträumte Balkon mit einer weißen, elektrischen Beleuchtung ausgestattet war, die es auf dem Balkon meiner Wohnung in der Realität nicht gab.

Ich erinnerte mich an meinen Vorsatz von gestern abend, mir im Traum für jeden zukünftigen Traum anfangs die Entscheidung zu wünschen, ob ich „normal" oder luzid träumen wolle. Ich drehte fliegend einige Kreise auf dem Balkon und deklamierte mit Inbrunst diesen Wunsch: Zu Beginn jeder meiner Träume meines weiteren Lebens will ich entscheiden, ob ich luzid träumen will oder nicht! Dann stürzte ich mich in Flug- und Rutschübungen in ein riesiges, quadratisch angelegtes endlos tiefes Treppenhaus, das den Eindruck erweckte, als sei es in einer luftigen Stahlkonstruktion untergebracht. Das Rutschen auf dem Treppengeländer (Holzplanken genau wie im Treppenhaus meines Wohnblocks) wurde mir bald zu rasant, so wechselte ich zum Fliegen nach unten. Irgendwann war ich wieder in meinem dunklen Appartementzimmer und registrierte anhand des erneuten Zeigefingertests, daß es sich wieder um ein „falsches Erwachen" handelte: das zweite von mehreren, die ich in diesem Klartraum erlebte!

Die mehrfache Wiederholung des Vorgangs macht es mir jetzt schwer, die einzelnen Erlebnisse in ihrer Reihenfolge sicher zu ordnen. Auf jeden Fall saß ich bei einer dieser Erfahrungen aufrecht (im Schneidersitz?) auf meinem Bett, mein Gesicht war in Richtung Tür gerichtet. Draußen war es nach wie vor nachtdunkel, dennoch kam von der Fensterseite genügend Licht, so daß ich sehen konnte. Auch erinnere ich mich schwach, mich vielleicht aus der Bauchlage im Bett aufgerichtet zu haben.

Jedenfalls dachte ich in dieser Situation plötzlich daran, meine Aurafarbe sehen zu wollen, und versuchte, über der rechten Handfläche eine Flamme aufsteigen zu lassen. Das geschah auch, doch war sie nicht hellblau, wie ich gehofft hatte, sondern ein schmaler hellgelber Streifen. Dann versuchte ich, wie Azula (eine Figur aus der Zeichentrickserie „The Legend of Aang") einen Blitz aus meinen Fingern zu ziehen. Das funktionierte aber auch nicht wie gedacht: Es passierte nichts, allenfalls ein bläulicher Nebelschleier entstand, der aber kaum sichtbar war.

Ein anderes Mal, erneut eine Erwachenssituation im Appartement-Bett, beschloß ich, anstatt zu fliegen, einfach zu laufen; ich sprang nach links aus dem Bett auf beide Füße und ging Richtung Flur. Das Gehen fühlte sich dabei ganz normal an, als sei ich tatsächlich in der Nacht aufgestanden, um in der dunklen Wohnung umherzulaufen. Das Experiment, mein Gesicht durch die Wand neben der Schlafzimmertür in den Treppenaufgang hinauszudrücken, wäre mit mehr Nachdruck wohl von Erfolg gekrönt gewesen. Doch stieß ich auf stärkeren materiellen Widerstand als erwartet. Außerdem fühlte sich der Vorgang unangenehm an. Daher brach ich ab, ging in die Küche und begutachtete im frühmorgendlichen Halbdunkel die Küchenzeile und sah mein Teesieb, Reste von Kaffeepulver und anderes, was da so herumlag.

Ich wollte mir die Anordnung der Gegenstände genau einprägen, um sie nach dem „richtigen" Aufwachen mit den realen Gegebenheiten in der Küche zu vergleichen. Sodann kam mir die Idee, ein „Beweisfoto" zu schießen. Auf dem Küchenboard lag mein Fotoapparat. Nach dem Einschalten stellte ich jedoch fest, daß der Akku entladen war und der Apparat nicht funktionierte (dieses Detail stimmte im übrigen sogar mit der Realität überein, die Lage des Apparats auf dem Küchenboard aber nicht). Ich legte ihn weg und beschloß, wie bei meiner ersten OBE im Flur die Decke entlangzufliegen.

Ich schwang mich nach oben und entdeckte dort zu meiner Zufriedenheit eine realistisch anmutende Holzdecke, traf auch auf den Türsturz, den ich „unterfliegen" mußte, um ins Wohnzimmer zu gelangen. Im dunklen Wohnschlafzimmer meines Appartements flog ich die Zimmerdecke Richtung Fenster entlang. Ab der Höhe, wo die Lampe hing, schien es merkwürdiger zu werden. Die Decke schien in eine Art schmutzige Plastikplane überzugehen. Hier stoppte ich, da ich wußte, daß dies nicht mehr mein Zimmer sein konnte. Zudem fühlte ich mich von dem, was weiter hinten im Stockdunkeln lag, abgestoßen. Ab hier verlor ich in dem Traum ein wenig den Überblick.

Es gab noch ein weiteres Erwachen. Erneut sicherte ich den Traumzustand mit einem Zeigefingertest, während ich vom Flur herkommend auf dem Weg zurück zu meinem Bett war. Zuletzt *war ich in meinem vormittäglich erhellten Zimmer auf dem Bett, vermochte nicht mehr zu fliegen und fühlte mich gänzlich so, als sei ich bereits vollkommen aus meinem Traum erwacht. Verwundert dachte ich darüber nach, wie es möglich war, daß eine OBE offenbar ohne Übergang im komplett erwachten Körper enden konnte.*

*Es gab dann noch einen merkwürdigen Traum mit zwei „Laufgestellhosen", einer eigentümlichen Mischkonstruktion aus Gehfrei und Hose, der in einem schönen, morgensonnenhellen Haus mit warmen Terrakottafliesen spielte. Doch bin ich mir nicht ganz sicher, ob dieser merkwürdige Traum direkt in den Zusammenhang des geschilderten Erlebnisses gehört oder ob es nicht doch eher ein unabhängiger Folgetraum war.*

*Schließlich erwachte ich wirklich. Ich lag wieder im Bett im dunklen Zimmer, es stürmte draußen (gegen 4 Uhr hatte es Gewitter und Regenschauer gegeben – und das im Dezember!), und es war klar, daß es sich diesmal um das echte Erwachen handelte.*

Das vorangegangene Beispiel illustriert anschaulich, weshalb ich es für wenig sinnvoll erachte, mehrfach hintereinander geschaltetes „falsches Erwachen" als Methode zur Verlängerung eines Klartraums zu nutzen. Der Traum zerfällt allzu leicht in kleine Sequenzen, über die man einerseits sehr schnell den Überblick verliert, was die Dokumentation des Erlebnisses ungeheuer erschwert. Zum anderen kann es leicht dazu führen – vor allem wenn der Klartraum in sehr viele Kurzsequenzen zerstückelt ist –, daß man sich verzettelt und, wie im angeführten Traum gut ersichtlich, am Ende die wertvolle Traumzeit keiner gezielten Nutzung zuführen konnte.

## c. Luzidwerden in einer Traumsituation

In diesem Fall gleitet man beim Üben unmerklich in einen Traum über und stellt irgendwann fest – manchmal ohne jede eruierbare Ursache, in anderen Fällen durch irgendwelche sonderbaren Umstände –, daß man in diesem Moment gerade träumt.

14.11.2012

*Heute morgen bin ich im Traum mit dem Auto unterwegs. Meinem Gefühl nach ist es gegen sieben Uhr abends, und ich will noch schnell zu Globus fahren. Im Traum befindet sich der Markt allerdings in einem etwas abseits gelegenen Gewerbegebiet, und ich befahre eine schmale asphaltierte Straße mit bewaldeten Hängen zu beiden Seiten. Nach einer Weile bemerke ich, daß ich mich verfranst habe und wohl schon an dem Markt vorbeigefahren bin. Ich will noch auf der kurvenreichen Straße wenden, als mir einfällt, daß der Laden ja (zumindest in diesem Traum) bereits um acht Uhr schließt und sich die Mühe wohl nicht mehr lohnt. Also fahre ich weiter.*

*Ohne daß ich dies in diesem Augenblick schon bewußt registriere, wandeln sich plötzlich die Lichtverhältnisse. War es in dem Traum eben noch abendlich dämmerig, herrscht jetzt helles Tageslicht in der Waldgegend. Und das Fahren mit dem Auto wechselt in eine Fahrt mit einer gigantischen Seilrutsche über. Sie ist in jener, nun von einem makellosen Sommerhimmel überspannten Waldgegend an großen, paarweise aufgestellten Brückenpfeilern aus Stahl aufgehängt, die – in einem mit hell sandsteingelben Schottersteinen gefüllten Gleisbett stehend – in endloser Reihe das bergige Waldgebiet durchziehen.*

*Als ich das leicht durchhängende Seil entlangrase, bemerke ich unten zu meiner Rechten eine Frau südländischen Typs in einem weißen Verkäuferinnenkittel im Fenster eines weißen Containergebäudes und habe kurz die Assoziation, hier eine Globus-Angestellte zu sehen. Doch verliere ich die Frau im Fenster schnell wieder aus dem Blick. Als hätte sich das Seil der Rutsche aus einer seiner Verankerungen gelöst, kann ich nun plötzlich frei in der Luft an dem Stahlseil schwingen. So jage ich mit dem gespannten Seil um einen der Pfeiler herum, treffe mit den Füßen seitlich auf eine von Stahlstreben zusammengehaltene gläserne Überdachung, stoße mich dort mit Superkräften wieder ab und sause – waagerecht zum Erdboden! – wie an einem Bungeeseil schwingend hin und her.*

*Als ich parallel zu der Schotterstraße unter mir rückwärts und aufwärts schwinge, wird mir vollends bewußt, daß dieses Spiel mit Superkräften in der Realität vollkommen unmöglich wäre! Ab jetzt ist der Traum vollkommen luzid. Das Stahlseil, nun eine unnötige „Krücke" aus der physikalischen Wirklichkeit, ist sogleich verschwunden. Ich schwebe frei in der Luft und überblicke das von einer herrlichen sommerlichen Stimmung durchflutete Waldszenario vor mir, und große Freude über dieses Erlebnis auf einer anderen Bewußtseinsebene durchströmt mich. Von der Freude gepackt, lege ich die Hände mit ausgestreckten Armen über den Kopf zusammen, blicke aufwärts zu der im Zenit stehenden Sonne, schließe die Augen und strecke mich, mit einem lauten „Yeah" aufjohlend, der Sonne entgegen.*

*Sofort spüre ich intensive, aber nicht unangenehme Wärme an den Fingerspitzen und öffne die Augen, um zu sehen, ob ich durch diese Ausstreckübung vielleicht auf einer anderen Traumebene gelandet bin. Zunächst sehe ich aber nur unzählige kleine graue undefinierbare Flecke in einer Dunkelheit. Dann bemerke ich Helligkeit, die durch die Türspalte in mein Schlafzimmer dringt. Ich betrachte meine Hände. Und sie sehen relativ normal aus. Da aber das ins Zimmer fallende Licht merkwürdig flimmert und unruhig kriselt, meine ich zunächst, mich in einem falschen Erwachen zu befinden, und führe daher den altbewährten Fingertest durch. Doch der sagt nach zwei Versuchen überdeutlich, daß ich wirklich erwacht bin; es war leider nur eine Überblendung in den vollen Wachzustand. Der Traum endete um 5:15 Uhr, die Einleitung begann um 4:10 Uhr.*

02.12.2012

*Nachdem ich um 6:17 Uhr begonnen habe, mich in einen Klartraum zu vertiefen, gerate ich in einen Traum, in dem ich gerade auf eine Autobahn auffahre. Links auf dem schmalen Grünstreifen zwischen der rechten Fahrspur und dem Beschleunigungsstreifen stehen (sehr risikofreudig!) zwei junge Frauen mit Klemmblöcken, die offenbar so etwas wie eine Verkehrszählung durchführen. Eine der jungen Frauen, sie trägt einen schwarzen Überwurf, wendet sich mir zu und rudert mit dem Armen, als wolle sie mich anhalten oder vor einer Gefahr warnen. Dieses Verhalten irritiert mich schon einmal. Wie kann ich denn nur auf einer Autobahnauffahrt die Leute stoppen wollen! Daß die Frauen tatsächlich Fahrzeuge auf der Autobahn anhalten, bestätigt sich bei einem Blick in den Seitenspiegel. Gerade startet ein schwarzer Kleinwagen, der auf Höhe der Frauen auf dem Standstreifen gestanden hatte!*

*Die nächste Verwirrung folgt sogleich. Vor mir erkenne ich ein Stopschild und – mitten auf der Autobahn (!) – einen Bahn-*

übergang, der in diesem Augenblick die Schranken schließt. Die Traumhaftigkeit dieses Erlebnisses ist nun absolut sicher, und ich beschließe, das Auto zum Verschwinden zu bringen und ins Fliegen überzugehen. Ich strample mich durch die Windschutzscheibe aus dem Wagen, ich stoße mich ab, und der Wagen verschwindet brummend hinter mir und löst sich auf.

Nun steige ich in die schwarzblaue Luft oberhalb des Bahnüberganges auf, kann aber plötzlich nicht mehr gut sehen. Es gelingt mir nicht, die bestehende Traumszenerie zu stabilisieren und beizubehalten. In eine Dunkelheit eintauchend, hoffe ich, zumindest den Klartraumzustand aufrechterhalten zu können, und probiere, ins geträumte Erwachen in meinem Schlafzimmer überzugehen. Das funktioniert auch, wie mir ein Realitätstest zeigt.

Nun schwebe ich nach links aus meinem Bett heraus, fliege zum Fenster herüber und drücke mich mit dem Gesicht voran durch die rechte Scheibe. Scheibe und Rolladen wölben sich nach außen, leisten mir aber sonst keinen Widerstand. Ich kann sie problemlos durchfliegen. Draußen fliege ich eine Runde, habe aber erneut das Problem, nichts sehen zu können.

Nachdem ich mich darauf konzentriere, endlich etwas sehen zu wollen, tritt eine leichte Besserung ein. Auf dem rechten Auge nehme ich nun Details einer offenen und sonnigen Landschaft wahr, die nicht den üblichen Gegebenheiten vor meinem Fenster entspricht. Ich sehe unter mir ein riesiges Beet wie in einer weitläufigen Parkanlage. In akkuraten Reihen sprießen die jungen Triebe irgendwelcher Pflanzen in der hellbraunen, warm von der Sonne beschienenen Erde. Leider bekomme ich aber keinen völlig klaren Blick auf diese Umgebung. Während ich noch versuche, meine Sicht zu verbessern, erwache ich.

## d. Direkteinstieg in eine hypnagoge Traumszenerie

Beim Beobachten der morgendlichen Gedankeninhalte können die Gedanken bisweilen bildhaft werden und eine szenische Qualität gewinnen. Sie erscheinen dann wie kurze Filmchen oder Bühnenszenen vor Augen. Gelegentlich kann es geschehen, daß man urplötzlich in eine dieser Szenen hineinversetzt ist oder das Gefühl gewinnt, in die Szenerie hineingleiten, hineinschweben zu können. Gelingt dies, findet man sich „auf der anderen Seite" vollintegriert in die gegebene Traumszenerie wieder und kann einfach davongehen.

05.04.2013

*Kurz vor 8:25 Uhr gab´s heute eine interessante hypnagoge Grasfläche von gelblich-grüner Farbe. Kurz wurde sie unklar, verdeutlichte sich dann aber wieder, so daß ich probierte, darüber hinwegzufliegen. Zugleich war mir klar, daß ich im Bett war, und spürte einen Druck oder Zug in Richtung Kopfende des Bettes. Ich war mir fast sicher, mich losmachen zu können, indem ich die Hände über den Kopf ausstrecke und dann übers Gras hinwegsause. Allerdings hatte ich das Gefühl, meine Hände steckten etwa auf Brusthöhe in zwei engen, mit groben Kunststoffreißverschlüssen versehenen Taschen fest, die mit Styroporkügelchen gefüllt waren. So sehr ich mich auch bemühte, ich bekam die Hände nicht aus den Taschen frei und verpaßte die Gelegenheit.*

*In einer zweiten Übungsrunde kam es zur hypnagogen Wahrnehmung eines zugefrorenen, von Bäumen, Büschen und sachten Böschungen gesäumten Sees, auf dessen Oberfläche Schnee und Eiskrusten zu erkennen waren. Ohne Probleme schaffe ich*

57

*es, auf diese Eisfläche hinauszulaufen! Auf der Eisfläche be-*
*gegne ich schließlich einer Frau und einem Mann, die dort mit*
*Ski-Scootern unterwegs sind, um die Eisstärke zu prüfen. Der*
*Mann warnt mich, daß der See jetzt wohl nicht mehr begehbar*
*sei. „Das Eis ist zu dünn", entgegne ich noch und denke: „Dann*
*fliege ich wohl besser!"*

*Das Gefühl des im Bett liegenden Körpers wird nun aber wie-*
*der deutlicher. Und es gelingt mir nicht, tiefer in den Schlaf zu*
*sinken, um vollends in den hypnagogen Klartraum überzugehen.*
*Trotzdem waren es ganz nette Übungen; man muß nur in aller*
*Gelassenheit die Konzentration aufrecht erhalten.*

Die Erlebnisse beim Direkteinstieg in ein Traumbild können,
wie eben, einen sehr realistischen und normalen Eindruck machen, sie können allerdings auch ziemlich absurd sein. Zweites
empfinde ich sogar als durchaus hilfreich. Die Situation überrascht und verwirrt. Und infolgedessen schaltet sich das Bewußtsein ein, der Geist wird sich völlig klar über die Lage, in
der er sich nunmehr befindet.

04.04.2012

*Nach 6 Uhr befaßte ich mich meditativ damit, mein Wachbe-*
*wußtsein zu erhalten. Ich erhielt das Wachsein durchweg auf-*
*recht, sah ab und zu undeutliche und flüchtige Bilder und beob-*
*achtete die Gedanken, die mir durch den Kopf gingen. Schließ-*
*lich wechselte ich von der Rückenlage in die linke Seitenlage und*
*zurück und schließlich in die rechte Lage zum Balkonfenster hin.*

*In dieser Lage sah ich schließlich das glasklare Bild eines be-*
*kleideten Schimpansen. Er sah wie ein mittelalterlicher Gaukler*

aus – rote Samtjacke, kurze grüne Filzhose. Er befand sich in einem sonnenerhellten Raum, der mein altes Zimmer sein konnte. Der Affe zeigte mir einen Titanring mit vier rundum aufgeschraubten Kugeln an seinem kleinen Finger, und ich dachte: „Das Wachbewußtsein ist noch glasklar erhalten!" Das Erlebnis kam mir, so absurd es auch sein mochte, absolut klar und wirklichkeitsecht vor. In der Folge wollte ich mich von dem Schimpansen abwenden, um mich in dem Traum umzusehen und auf eine Exkursion zu gehen. Doch war es mir nur mit einer gehörigen Willensanstrengung möglich, mich wegzudrehen. Ich brachte große Kraft auf, war aber wie festgeteert!

Die Szenerie wechselte, und ich sah die Balkontür meines Appartements sehr real vom Kopfkissen meines Bettes aus, konnte mich aber dennoch nicht loseisen. Urplötzlich brach der Traumzustand schließlich zusammen, und ich war im Bett, noch immer in der gleichen Lage, wie auch der Traumzustand geendet hatte.

Mit der Möglichkeit, über ein hypnagoges Bild in den Traum zu gelangen, sind die *vier Wege in den Klartraum* komplett. Die ersten drei dieser Möglichkeiten wechseln sich bei mir mit etwa der gleichen Häufigkeit untereinander ab, der vierte Weg kommt etwas seltener vor. Und sehr oft erlebe ich, daß ich den Direkteinstieg dann doch nicht schaffe, sondern statt dessen in die zweite Variante übergehe. Mit der Schilderung einer derartigen Mischform sind alle notwendigen Informationen gegeben, die der angehende Klarträumer benötigt, um die vier Wege mit einem sicheren Wissen um die Möglichkeiten und Eventualitäten zu beschreiten.

29.01.12

*Nach einigen Mühen glückte – leider erst sehr spät – am fortge-*
*schrittenen Morgen eine kurze, vollbewußte OBE. Ich sah eine*
*Art hellbeige gestrichenen Wandpanzerschrank, der aber seltsa-*
*merweise mit einer grauen Plastiklasche verschlossen war, dann*
*irgendeinen Raum hinter einer geöffneten Tür, wobei ich die As-*
*soziation „Leichenschauhaus" hatte. Schließlich sah ich in einer*
*nur spärlich erhellten Szene eine Art Druckmaschine, die rechts*
*in eine Saftbar (mit aneinandergereihten Safttüten) überging.*

*Dieses unstimmige Bild fand ich merkwürdig und bemerkte*
*auch, daß ich mich anders fühlte. So war ich mir sicher, tief in ein*
*Traumbild eingedrungen zu sein, und führte den üblichen Zeige-*
*fingertest durch. Befriedigt stellte ich fest, daß ich es endlich mal*
*wieder geschafft hatte. Ich ging weiter in das Bild hinein, fand*
*mich aber augenblicklich in meinem Bett wieder. Hätte ich nicht*
*um die Möglichkeit des falschen Erwachens gewußt, wäre die Ex-*
*kursion hier auch schon vorüber gewesen. So aber überprüfte ich*
*die Lage, erkannte den Traum und machte mich auf, die Erkun-*
*dungsgänge in meinem Appartement fortzusetzen, mit denen ich*
*in meinen vorausgegangenen OBEs experimentiert hatte.*

Da Direkteinstiege über hypnagoge Bilder gerne einmal schei-
tern, scheint es alles in allem sogar besser zu sein, nicht auf
irgendwelche hypnagogen Szenerien zu warten, in die man
sodann hinzugehen versucht. Der umgekehrte Weg ist meines
Erachtens leichter zu bewältigen: Dazu spanne ich im dösigen
Zustand beim Einschlafen die Augen an wie im Kapitel „Los
geht´s" beschrieben, spiele dann mit Bewegungsvorstellungen
(schnelle und kraftvolle Gehbewegungen, Fliegen) und male

mir dabei aus, wie diese Bewegungserlebnisse in dem Maße, wie der physische Körper allmählich unter die Wahrnehmungsgrenze sinkt, zunehmend realitätsechter werden.

Diese Imaginationsübung fördert entsprechende Bewegungserlebnisse in den darauffolgenden Träumen und kann so Luzidität auslösen. Oder der Einstieg in den luziden Traum erfolgt gar schon während des Übens selbst! Ist die Vertiefung nämlich ausreichend, realisiert sich während des Übens das Bewegungsgefühl erst ansatzweise, dann zunehmend wirklichkeitsechter, bis sich im Zuge der fortgesetzten Schritte eine klare Traumumgebung herauskristallisiert. In diesem Fall ist dann ein *Direkteinstieg aus der Bewegung* gelungen! Schnelles und entschlossenes Voranschreiten ist ein einfacher und natürlicher Vorgang, der sich auch im Traum leicht realisiert, weil er als Fortbewegungsart so selbstverständlich ist. Daher scheint diese methodische Variante des Direkteinstiegs auch besser und einfacher umsetzbar zu sein.

# Trainingseinheit

# Reflexionstechnik

Die nun folgende Trainingsmöglichkeit fordert dazu auf, die feste Gewohnheit zu entwickeln, den eigenen Alltag genau und kritisch zu hinterfragen. Auf diese Weise soll eine entsprechende kritische Haltung auch auf den Traumzustand übertragen werden, was dann zur Erkenntnis des Traumzustandes führt. Auf diesem Grundgedanken fußt die „Reflexionstechnik" von Paul Tholey, neben LaBerge ein weiterer großer Name in der jüngeren Klartraumforschung.

In der praktischen Umsetzung dieser Reflexionstechnik muß man sich in alltäglichen Situationen regelmäßig die Frage stellen, *„Träume ich augenblicklich?"* und die Frage durch einen bewußten Abgleich mit der momentanen Situation überdenken und beantworten. Dazu wird die augenblickliche Umgebung genau auf ihre Stimmigkeit untersucht. Merkwürdigkeiten und Abweichungen von den alltäglichen Normen können einen Hinweis bilden, sich gerade in einer geträumten Wirklichkeit zu befinden.

Ein Kriterium, das zu der erforderlichen routinemäßigen Überprüfung der Situation besonders gut geeignet ist, ist die Frage nach zeitlichen Kontinuitäten oder Diskontinuitäten in den eigenen Erlebnissen. Hierbei hinterfrage ich die Gegebenheiten mit Fragen wie „Wo bin ich gerade? Wo war ich zuvor?" Nicht selten findet man sich im Traum nämlich in Situationen wieder, in denen man keine Idee hat, wie man eigentlich in diese Lage geraten ist; es fehlt die Kontinuität von Ereignissen oder Aufenthaltsorten. Gewissermaßen scheint man in diesem Fall keine erinnerliche Vergangenheit zu besitzen und erkennt daran den Traumzustand!

Neben dem aufmerksamen Beobachten und kritischen Hinterfragen der Alltagswirklichkeit empfehlen sich aufgrund der Reflexionstechnik auch ganz direkte Überprüfungshandlungen, um eine geträumte Situation als solche zu identifizieren. Diese Testhandlungen werden als „Realitätstests" beschrieben. Im Kapitel „Was ist wirklich? Der Realitätstest!" können Sie Näheres nachlesen!

Um meine Übungen mit der Reflexionstechnik effektiv zu gestalten, habe ich mir eine besonders griffige und einfache Realitätstesthandlung, den Fingertest, ausgesucht und diesen – als Orientierungshilfe bei der Bildung einer festen Routine – immer dann durchgeführt, wenn ich eine Tür oder einen Eingang passierte. Das war recht nützlich und hat mir zu meinen ersten intensiven Klartraumerlebnissen verholfen!

Kritisiert wird an dieser Methode allerdings, daß sie dazu verführe, sich seltsame Ticks und Zwangsverhalten anzutrainieren. Viele Klarträumer, deren Posts ich im Internet gelesen habe, bestätigen, daß drei bis zehn Realitätstests über den Tag verteilt ausreichend Wirkung entfalten, so daß deren Anzahl kontrolliert und dergestalt im Rahmen gehalten werden kann, daß daraus keine krankhaften Auswüchse entstehen müssen. Zudem helfen weniger, aber gründlich und bewußt ausgeführte Tests mehr als viele, die nur beiläufig und mechanisch praktiziert werden.

Eine spezielle Variante der Reflexionstechnik stellt die von Daniel Love entwickelte „Cycle Adjustment Technique" (CAT) dar. Nachdem man sich eine Woche lang etwa 90 Minuten früher als sonst geweckt und in dieser Zeit circa alle fünf Minuten einen Realitätstest durchgeführt hat, soll in der Folgewoche in gewohnter Weise durchgeschlafen werden. Dies soll bewirken, daß die für diese Zeit am Morgen trainierten Realitätstesthandlungen nun im Traumschlaf durchgeführt werden, da der Schlafzyklus in der vorangegangenen Woche entsprechend „umjustiert" wurde. Dieses etwas aufwendige Verfahren aussagekräftig zu testen, war ich bislang allerdings zu faul. Vielleicht ist der eine oder andere Leser ja willensstärker als ich!

# 6. OBE und luzider Traum: Ein und dasselbe?

In der Literatur und im Internet wird die Frage, ob außerkörperliche Erfahrungen und luzide Träume ein und dieselbe oder doch völlig verschiedene Erscheinungen seien, immer mal wieder heiß diskutiert. Klarträumer gehen von der Identität beider Phänomene aus und behaupten gelegentlich sogar, daß OBEs luzide Träume mit gering ausgeprägter Intensität seien. Überzeugte OBEler behaupten das Umgekehrte!

Nachdem ich einige Erfahrung mit beiden Erscheinungen sammeln konnte, teile ich im Wesentlichen die Meinung des erfahrenen amerikanischen Astralwanderers Don DeGracia. Er hält die Diskussion über die Frage, ob es einen Unterschied zwischen OBEs und luziden Träumen gebe, für keine besonders fruchtbare und konstatiert, daß sie im wesentlichen zu wenig praxisrelevanten „Haarspaltereien" führe. Er hält fest: Astralprojektionen oder OBEs sind luzide Träume. Und luzide Träume sind Astralprojektionen.

Obwohl ich mich folglich dazu entschieden habe, die verschiedenen Begriffe „Astralprojektion", „Klartraum", „OBE" usw. synonym zu gebrauchen, will ich dennoch nicht bestreiten, daß es Unterschiede zwischen den beiden Erlebnisbereichen OBE und Luzidtraum gibt. Beide Erlebnisformen lassen sich aber relativ leicht ineinander überführen. Ob eine Erfahrung als OBE oder luzider Traum wahrgenommen wird, könnte meiner Meinung nach wesentlich davon abhängen, ob das Erlebnis in einer Traumschlafphase stattfindet, die – durch die charakteristischen schnellen Augenbewegungen unter den geschlossenen Lidern – als „Rapid-Eye-Movement"-Phase (REM) bezeichnet wird, oder in einer Schlafphase ohne diese Augenbewegung (Non-REM).

Noch in den 1950er Jahren glaubte man, daß man nur in den REM-Phasen träume. Inzwischen hat sich herausgestellt, daß es auch die sogenannten Nicht-REM-Träume gibt, die sich dadurch auszeichnen, daß sie im allgemeinen kürzer, realistischer und weniger aufregend sind als die phantasievollen, gefühlsbetonten, manchmal grotesken REM-Träume. Auch stellte sich heraus, daß sich zumindest die REM-Träume nicht in Sekundenschnelle abspielen, wie man lange Zeit dachte. Ihre Dauer entspricht der jeweiligen REM-Phase.

Da die Träume also in den beiden Phasen charakteristische Merkmale aufweisen, macht es hinsichtlich der Traumerlebnisse auch einen bedeutenden Unterschied, ob man in einem REM- oder in einem Nicht-REM-Traum luzid wird! Ein luzider Nicht-REM-Traum wäre durch realistische und unspektakuläre Inhalte geprägt, die in einem als sehr wirklichkeitsnah wahrgenommenen Umfeld spielen, was den Erlebnissen im falschen Erwachen und somit einer typischen OBE-Situation entspräche. Ein bewußter REM-Traum würde demgegenüber durch stärker irreale und unabhängige phantasievoll-magische Trauminhalte bestimmt sein und daher der typischen Erscheinungsform eines luziden Traums nahekommen.

Das ist zumindest meine Theorie über den Unterschied zwischen einer OBE und einem Klartraum. Sie spiegelt sich auch in meinem später weiter ausgeführten *Traumebenen-Modell* wider. Der Beweis ihrer Richtigkeit könnte aber nur in einem Schlaflabor erbracht werden.

Die Merkmale, die ein luzider Nicht-REM-Traum typischerweise aufweisen müßte, stimmen jedenfalls mit denen der „außerkörperlichen Erfahrungen" der Esoteriker gut überein. Dieser wird zumeist direkt nach dem Einschlafen am Abend oder nach dem Aufwachen am Morgen induziert; also in den Phasen oberflächlichen Schlafs, die zu den Non-REM-Träumen gehört. Zudem paßt diese Theorie zu den Schilderungen Astralreisender, sie könnten eine OBE einleiten, indem sie sich aus einem von unwirklicher Szenerie charakterisierten luziden Traum „wecken". In diesem Fall wird nur die Ebene der Schlaftiefe gewechselt und, wie dies im Schlafzyklus von selbst mehrfach geschieht, von der REM-Phase in die Non-REM-Phase übergegangen.

Gelingt es, die Luzidität von der einen Traumphase in die andere hinüberzuretten (siehe Trainingseinheit „Traumverkettungen"), wird ein luzider Nicht-REM-Traum erlebt. Meist findet man sich in der Situation eines „falschen Erwachens" wieder; man träumt weiter, findet sich jedoch „wach" im Bett bzw. schwebend über oder neben dem Bett wieder. Umgekehrt kann die OBE in einen „gewöhnlichen" Traum abgleiten, wenn der Schlafzyklus in die REM-Phase zurückkehrt.

# 7. Kampf mit den „Schlafhütern"

Üben Sie sich mit der „Fernblick"-Methode oder einer anderen Trainingsform darin, in Klarträume einzutreten, werden Sie es früher oder später ganz sicher mit dem einen oder anderen „Schlafhüter" zu tun bekommen! Diese können einem beim Einüben ins luzide Träumen ganz schön viel Ärger machen!

Mit „Schlafhütern" meine ich alle Erscheinungen und Erlebnisse, die dazu führen, daß einem der Traumzustand selbst dann noch unbewußt bleibt, wenn er eigentlich offenkundig ist. Diese Erscheinungen treten vor allem im Zustand des „falschen Wachliegens" oder „geträumten Erwachens" auf. Erlebe ich das „falsche Erwachen" innerhalb einer Traumumgebung, die mir mein ruhiges und ungestörtes Schlafzimmer zeigt, kann ich es relativ leicht und schnell an einem seltsam veränderten Körpergefühl erkennen.

Völlig anders verhält es sich jedoch, wenn mich innerhalb einer solchen Szenerie geträumte Störungen davon abhalten, mich mit mir selbst und meinem momentanen körperlichen Zustand zu befassen. Diese Ablenkungen verringern die Chance, luzid zu werden, und halten mich im Zustand des gewöhnlichen Traumschlafs. Daher rührt meine Bezeichnung für diese Störungen: Schlafhüter. Das Thema wurde im Vorausgegangenen bereits angerissen, ist aber ein so gewichtiges und lästiges Phänomen im Zustand des falschen Wachliegens und Erwachens, daß die „Schlafhüter" ein eigenes Kapitelchen verdienen.

In der Konsequenz wirken sie sich in der Regel folgendermaßen aus: Man träumt, wach im Bett zu liegen, und ist unter Umständen sogar direkt mit einer Klartrauminduktion beschäftigt. Als „Schlafhüter", die das tatsächliche Eintreten von Luzidität verhindern, stellen sich dann aber Probleme mit der verwendeten Technik, störende Gedankeninhalte oder gar die halluzinierte Wahrnehmung von Personen im Raum ein, die oftmals regelrecht gezielt für Störungen und Ablenkungen sorgen.

So fesseln die Schlafhüter die Aufmerksamkeit, binden alles Interesse, absorbieren es und verhindern auf diese Weise die Bewußtwerdung. Gern treten sie auf, wenn sich eine Klartraumübung zeitlich lang hinzieht und man selbst schon gar nicht mehr an den Erfolg derselben glaubt. Gerät man aus dieser Ausgangslage ins falsche Wachliegen oder Erwachen, haben die Schlafhüter leider sehr gute Chancen, ihr Spiel auch zu gewinnen! Ein sicheres Mittel, mich gegen sie zu erwehren, habe ich noch nicht gefunden. Um sie zu wissen hilft aber immerhin schon ein bißchen was.

01.11.2012

*Leider komme ich erst heute dazu, ein Erlebnis von gestern früh festzuhalten. Es zeigt ganz interessant, wie man in Form eines „falschen Erwachens" eine außerkörperliche Erfahrung machen kann, ohne es in der Situation selbst zu bemerken.*

*Gegen Morgen glaubte ich, durch ein lautes Krachen unten im Haus geweckt worden zu sein. Ich lag in der Bauchlage im dunklen Schlafzimmer und befürchtete, daß womöglich Einbrecher unten eingedrungen sein könnten. Ich lauschte angespannt, beruhigte mich aber wieder, da nichts Weiteres geschah und keine weiteren Geräusche zu mir drangen. Dennoch stand ich, ohne Licht zu machen, auf (von der angelehnten Schlafzimmertür her war ein Streifen Licht zu sehen, der mir genügte) und ging hinüber in mein Arbeitszimmer. Das Haus war bereits hell von morgendlichem Licht erleuchtet.*

*Ich machte mir Gedanken darüber, ob es hier im Haus nicht irgendwo ein halbwegs sicheres Versteck gebe, wo man Unterschlupf und Schutz suchen könnte, falls tatsächlich einmal ungebetene Gäste ins Haus eindrängen. Eine Zeitlang irrte ich im Obergeschoß herum, probierte, mich in dem schmalen Zwischenraum zwischen einem Bücherregal und der Wand zu verbergen, und suchte weiter, ohne dabei eine befriedigende Lösung für mein Problem zu finden.*

*Mir fällt zwar durchaus auf, daß das OG und seine Möblierung irgendwie anders sind – so gibt es an dem Bücherregal ein graues Furnier, das es dort eigentlich gar nicht geben dürfte –, doch bin ich zu sehr in meine Suche vertieft. So hat diese Erkenntnis keine Konsequenz. Erst als ich aufstehe, um mich für die Arbeit fertigzumachen, wird mir bewußt, daß ich zuvor, durch die Phantom-Einbrecher gestört und abgelenkt, ein „falsches Erwachen" nicht als solches erkannt habe. Völlig auf die Suchaktion und mein Problem konzentriert, ist mir schlicht entgangen, daß der gesamte morgendliche Vorgang ein Traumerlebnis gewesen sein muß.*

Auf diese Weise im Traum getäuscht zu werden läßt sich selbst mit einiger Erfahrung oft nicht verhindern. Tröstlicherweise gilt auch für den Traum dasselbe wie für das Leben: Aus Erfahrung wird man klug! Es passiert mir nur selten, daß ich in einander ähnlichen Traumsituationen ein zweites Mal demselben billigen Schlafhüter-Trick auf den Leim gehe.

28.12.2012

*In dieser Nacht glaube ich, nicht in den Schlaf finden zu können, und liege seit geraumer Zeit scheinbar durchgängig wach im Bett. Schließlich höre ich Lärm, der aus dem rechten Nachbarhaus zu dringen scheint, ein einzelnes lautes Geräusch, als sei jemand die Treppe heruntergestürzt o. ä. Erst denke ich, wenn es ein Problem gibt, wird sich schon jemand melden. Dennoch beschließe ich nachzuschauen. Gleichzeitig kommt mir aber der Gedanke in den Sinn, daß es sich hier um geträumtes Wachliegen, also um das Gegenstück zum „falschen Erwachen", handeln könnte. Für diesen Augenblick verneine ich jedoch die Frage, ob diese Sache hier ein Traum sei.*

*Ich verlasse das Schlafzimmer und gehe eine offene, geradläufige Treppe hinunter, die in das von grauem, morgendlichem Dämmerlicht erfüllte Erdgeschoß führt, und sehe links an der gegenüberliegenden Wand die Haustür sperrangelweit aufstehen; homogen graues Morgenlicht fällt herein. Da es in meinem Haus keine geradläufige Treppe, sondern eine Wendeltreppe gibt und sich die Tür in Wirklichkeit rechts an der Wand befindet, weiß ich jetzt sofort, daß diese Situation geträumt sein muß. Im Gehen stoße ich mich sanft von der Treppe ab, lege den Rest des Weges zur Tür im Flug zurück, fliege nach draußen und schwenke hoch zu meinem Schlafzimmerfenster. Durchs Fenster begebe ich mich halb in das Zimmerinnere, bemerke aber, daß es drinnen plötzlich völlig dunkel ist und der mich umgebende Raum so eng und klein wie in einem Puppenhaus wirkt. Das erscheint mir uninteressant und ich kehre um.*

*Draußen hat sich allerdings auch keine besonders ausgeprägte Szenerie ausgebildet; es ist, als befände ich mich in einem endlos hohen, matt grau-blauen Himmel. Wie ein Fallschirmspringer segle ich in diesem Himmel nach unten und lande bäuchlings mit ausgebreiteten Armen auf einer Fläche mit kurzem, weichem Gras, auf dem ich wie auf einem angenehmen Bett zu liegen komme. Auf der Grasfläche liegend denke ich an das bevorstehende Ende dieses Traums. In einer Verdunklung bemerke ich einige matte farbige Muster, die denen ähneln, die man sieht, wenn man bei geschlossenen Augen auf die Farbwahrnehmungen achtet. Der einzige Unterschied besteht darin, daß sich diese Muster etwas schneller bewegen. Als ich erwache, ist es gegen 4:50 Uhr. Um 3:24 Uhr hatte ich mich zum Wiedereinschlafen vorbereitet.*

# 8. „Paranormal Activity" und Hellseherei

Eine ebenfalls immer wieder gerne diskutierte Frage im Zusammenhang mit außerkörperlichen Erfahrungen und luziden Träumen ist, ob der OBE-Zustand eventuell als „Sprungbrett" zur Entwicklung paranormaler Fähigkeiten genutzt werden könnte. Die aufregende Frage dabei ist, ob der Geübte über seine nichtphysische Traumrealität hinaus auch die physische Alltagswirklichkeit zu beeinflussen vermag. Das ist ein Gedanke, der viele elektrisiert und eine Menge Phantasien weckt. Die Macht nichtphysischer Wesenheiten ist nicht umsonst ein beliebtes Sujet z. B. in Horrorstreifen wie „Paranormal Activity". Und besonders spannend ist die Frage, wenn man selbst mit „Exkorporationsübungen" befaßt ist und diese auszuführen gelernt hat.

In der astralen Wirklichkeit ist es zweifelsohne möglich, wahrhaft magische Fähigkeiten zu entfalten. Inwiefern sich diese Magie über den Innenraum der eigenen Traumwelt hinaus auf die Außenwelt der physikalischen Wirklichkeit ausdehnen läßt, bleibt eine schwer zu beantwortende Frage.

Während ich bezüglich dieser Möglichkeit relativ skeptisch bin, ist beispielsweise Robert Peterson überzeugt, daß solche Einflüsse sehr real sind. Ein Erlebnis mit einem verlegten Stift, der just an einer Stelle wieder auftaucht, die er zuvor ganz si-

cher abgesucht zu haben meint, deutet er als eine psychokine-
tische Wirkung. In anderen Fällen interpretiert er Ereignisse
aus seinem Alltag als wundersame Fügungen, die er in dieser
Form vermehrt erlebe, seit er sich intensiver mit der Induktion
außerkörperlicher Erfahrungen befasse.

Nachdem ich die Beispiele bei Peterson studiert hatte, suchte ich nach Ereignissen in meinem eigenen Leben, die womöglich in einem ähnlichen Kontext betrachtet werden könnten.
Doch fiel es mir schwer, „Paranormal Activity" in meinem Alltagsleben zu entdecken oder Alltagsanekdoten in dieser Richtung zu deuten.

Vielleicht sind solche Betrachtungsweisen auch in starkem
Maße typabhängig. Sicher gibt es im Leben gewissermaßen
Fügungen und Scheidepunkte, die man passiert und sich im
nachhinein denkt: „Oh, das ist richtig gut gelaufen! Alles hat
perfekt zusammengepaßt, obwohl ich selbst eigentlich nichts
aktiv dazu beigetragen habe!" Von solchen Situationen her
kenne auch ich das Gefühl, daß hier eine höhere Führung
am Werk gewesen sei, die alles günstig für mich eingerichtet
habe. Ob solche glücklichen Fügungen und scheinbar zufälligen Wendungen zu meinen Gunsten direkt etwas mit meinen Übungen zur außerkörperlichen Erfahrung zu tun haben,
weiß ich allerdings nicht.

Zeitweilig habe ich nach Möglichkeiten gesucht, die Frage meines denkbaren Einflusses auf die physische Realität im
OBE-Zustand mit „rustikaleren" und überprüfbaren Instru-
menten zu untersuchen.

Ich hatte die Erfahrung gemacht, daß ich mich, sobald ich
im falschen Erwachen aus meinem Bett aufstand und durch

meine Wohnräume ging, sehr häufig in extrem realitätsnahen Umgebungen wiederfand. Es war gerade so, als ginge ich im Augenblick tatsächlich mit vollem Wachbewußtsein in meiner Wohnung spazieren!

Mehrmals habe ich in solchen äußerst alltagsnahen Traum-situationen versucht, durch Verändern und Umordnen von Gegenständen im Raum (vgl. z. B. die OBE vom 13.02.2012 im Kapitel „Vier Wege") Auswirkungen auf die physische Wirklichkeit zu erzielen, ohne daß dies je von Erfolg gekrönt gewesen wäre. Welch ein Wunder wäre es doch gewesen, wenn ich einen im OBE-Zustand vom Tisch genommenen und auf dem Boden plazierten Kerzenhalter nach dem Aufwachen tat-sächlich dort vorgefunden hätte!

Eine andere Form von paranormaler Fähigkeit, von der es heißt, sie könne im Klartraumzustand, aber auch im hyp-nagogen Zustand erlangt werden, ist die der Hellsicht. Sie be-fähigt, an Informationen zu gelangen, die der Empfangende zu der Zeit und an dem Ort, an dem er sich gerade befindet, eigentlich unmöglich erhalten kann. Auch hier muß ich ent-täuschenderweise einräumen, daß ich bislang keinen echten „Wahrtraum" erzeugen könnte, der mir Erkenntnisse und Ein-blicke in zukünftige Ereignisse geliefert hätte. Allerdings blei-be ich dran! Angeblich soll es beim Reisen im Klartraum auch möglich sein, in der Zeit zu reisen. So wäre es doch ein interes-santes Projekt, sich an einen Samstagabend in der Zukunft zu transferieren, den Fernseher einzuschalten und die Ziehung der Lottozahlen anzuschauen!

## 9. Hypnagoge Schrecken

Normalerweise empfinde ich meine Astralprojektionen als angenehm, friedlich und störungsfrei. Manchmal, wenngleich nur selten, kann es jedoch zu nachhaltig unangenehmen Zwischenfällen und Begegnungen kommen, die einen auch nach dem Erwachen noch geraume Zeit verfolgen und beschäftigen. Ich nenne diese Erlebnisse „hypnagoge Schrecken" und habe mir Verfahrensweisen angeeignet, sie zu vermeiden. Doch wie im Umgang mit den „Schlafhütern" gelingt es nicht immer.

06.01.2013

*Meistens, aber nicht immer, sind luzide Träume angenehme Erfahrungen. Gelegentlich kann es auch zu ziemlich unerfreulichen Begegnungen kommen.*

*Diesen Morgen träume ich von einem Lokal, in dem rustikale Hausmannskost serviert wird. Irgendwann beginne ich mich zu ärgern, daß ich von einem blöden Lokal träume, anstatt einen luziden Traum zu haben. Schließlich dämmert mir, daß ich diese Situation ändern und das ganze in einen bewußten Traum umwandeln könnte.*

*M. ist bei mir im Hof dieses Gastronomiebetriebs und gibt mir zu verstehen, daß sie jetzt langsam nach Hause will. Da ich weiß,*

*wie es schneller geht, nehme ich sie entschlossen an der Hand,
um zwischen den grünen Sonnenschirmen hindurch, die auf dem
Hof aufgestellt sind, in den Himmel aufzusteigen. Sie ist sich unsicher, ob sie das will, und ihr Sohn (?), der ebenfalls in dem
Traum auftaucht, ist ganz dagegen. M. soll am Boden bleiben.
Trotzdem steigen wir auf, M. an meiner linken Hand, eine andere Frau, die die Reisegelegenheit nutzen will, an der rechten
Hand. Draußen vor dem Laden kommen wir aber wieder herunter und schweben zusammen in gut zwei Metern Höhe über
dem Kopfsteinpflaster eines großen Platzes zwischen städtischen
Wohnanlagen.*

*Es scheint jetzt später Nachmittag zu sein, denn es dämmert
schon ein wenig, und der Himmel nimmt eine tiefblaue Färbung
an. M.s Sohn ist jetzt auf dem Platz unter uns und versucht, seine
Mutter zu erwischen, in dem er aufwärts springt, um einen von
uns Dreien am Fuß zu packen und herunterzuziehen. Für den
Augenblick hat er dafür noch Chancen, da uns die Koordina-
tion des Fliegens zu dritt Schwierigkeiten bereitet. Die Damen
schlagen ungleichmäßig mit den Armen, so daß wir uns wie ein
ungleichförmig gerudertes Boot um uns selbst drehen. Nachdem
ich die Damen darauf hingewiesen habe, wird der Flug gleichmäßig und wir kommen endlich voran. Einer Straßenflucht folgend
fliegen wir, im Rhythmus der Armschwünge auf und absteigend,
davon und versuchen, unseren Verfolger abzuschütteln.*

*Gerade denke ich daran, wie toll doch Klarträume sind, als
ich urplötzlich den harten, schlanken und drahtigen Rumpf einer männlichen Person (definitiv nicht M.s Sohn!) auf meinem
Rücken spüre; der männliche Körper taucht ohne jede Vorwar-
nung als „Aufsitzer" auf. Der Aufsitzer bewegt sich zwar für den*

*Augenblick nicht, läßt aber dennoch eindeutig sexuelle Absichten erkennen – eine unangenehme und Abscheu erregende Situation! Obwohl wir kein direktes Wort wechseln, teilt er mir per Eingebung mit, daß eine Online-Plattform namens „ficker.de" (sic!) ihn hergeschickt habe.*

*Schaudergefühle (als säße eine haarige Spinne auf mir) durchfluten mich, und ich greife hinter mich, packe ihn am Kopf und schleudere ihn, einen weiß gekleideten jungen Mann, mich selbst in einem Salto überschlagend, von meinem Rücken herunter und über meinen Kopf hinweg. Er kommt vor einer weißen Werbetafel rechts von uns an einer Hauswand auf dem Rücken zu liegen und schaut zu mir hoch. Altersmäßig scheint er knapp über das 20. Lebensjahr hinaus zu sein. Nicht nur seine Kleidung ist weiß; auch sein Gesicht ist gespenstisch blaß. Er hat kurzgeschorenes blondes Haar und einen gepflegten Bart. Unheimliche, stahlblaue Augen sind starr auf mich gerichtet. Dummerweise habe ich durch das Handgemenge M.s Hand verloren, und sie befindet sich jetzt unter mir auf der Straße, ganz in der Nähe des unheimlichen „Aufsitzers". Ich muß runter, um sie wieder aufzunehmen.*

*Noch aus dem Liegen heraus greift er nach mir und sagt mit einer tiefen, absolut unheimlichen Stimme „Du hast noch nicht bezahlt!", als wolle er Geld eintreiben, da ich ihn ja auf der besagten Online-Plattform bestellt hätte. Ich wehre ihn mit dem Ellenbogen ab und antworte ihm noch, daß ich ihn nicht bestellt hätte! Von meiner heftigen Gegenwehr mitgenommen, rinnt ihm jetzt ein wenig dunkles Blut aus der Nase. Da erwache ich. Es ist 7:55 Uhr; um 6:05 Uhr hatte ich die Traumeinleitung begonnen.*

Derart alarmierende Horror-Erfahrungen mache ich glücklicherweise nur selten in meinen luziden Träumen. Seltsame und abstoßende hypnagoge Wahrnehmungen in der Einschlafphase am Morgen waren demgegenüber schon etwas häufiger vorgekommen: ein Vampirkaninchen mit toten, rotglühenden Augen und ekelerregend verfärbten Reißzähnen; Personen, denen widerliche, pilzartige Gewächse aus der Haut wuchsen; abstoßende Fotografien in einer satanischen Bibel; eine mit geäderter Epidermis überzogene Badewanne u. ä.

Gegen allzu unangenehme Erlebnisse in diesem Bereich konnte ich mich für die Zukunft sehr effektiv erwehren, indem ich bei Bedarf einen weiteren suggestiven Hinweis ins Training einbaute und mich so mit Hilfe einer einfachen Selbstkonditionierung schützte: Ich teilte mir dezidiert in einer klaren, festen und konsequenten Haltung unzweideutig und mit geballter Energie mit: „Auf dieser Wellenlänge bin ich ab jetzt nicht mehr erreichbar! Derartige Dinge will ich in Zukunft nicht mehr sehen!" Auf diese Weise stellte ich das mentale „Empfangsgerät" gewissermaßen auf eine andere „Frequenz" ein, so daß ich seither nicht mehr sehe, was ich nicht sehen will, und nicht mehr höre, was ich wirklich nicht hören will.[4]

---

4   Vgl. auch Hasselmann, Varda / Schmolke, Frank: *Weisheit der Seele. Trancebotschaften über den Sinn der Existenz.* München 1995, S. 441

# Trainingseinheit

## Traumverkettungen

Dieser spezielle Trainingsbaustein zum Thema „Traumver-
kettung" befaßt sich mit der Möglichkeit, zuvor erlebte Träume erneut aufzurufen und wieder lebendig werden zu lassen.
Das Verketten von Träumen ist eine recht bemerkenswerte
Übung, die überraschende Ergebnisse erbringen kann! Die
Übungsform zielt darauf, in der Phase des schnellen Wech-
sels zwischen morgendlichem Einschlafen und Wiederaufwa-
chen in genau den Traum wiedereinzusteigen, aus dem man
Sekundenbruchteile zuvor erwacht ist! Dabei kann es gelingen, die Bewußtheit direkt aus der kurzen Wachphase in die
nächste Traumsequenz mitzunehmen. Oder aber man erlebt,
mit leichter Verzögerung, im Traum das Déjà-vu, sich in einer
Situation wiederzufinden, die man doch gerade schon einmal
erlebt hat! Die dadurch eintretende Irritation führt häufig zur
Klarheit über den Traumzustand. Besonders wenn morgens
viel Zeit zum langen Ausschlafen zur Verfügung steht, kann
der Verkettungstrick mit Erfolg angewandt werden. Und so
funktioniert er:

Sobald Sie feststellen, gerade aus einem Traum erwacht zu
sein, halten Sie die Augen am besten durchgängig geschlossen, stellen sich die letzte erinnerbare Situation lebhaft vor
und reaktivieren dabei die Sinneswahrnehmungen in der
Traumumgebung. Wenn Sie nur ruhig, zwanglos und ent-

spannt liegenbleiben, sind die Unterbrechungen zwischen den einzelnen Traumsequenzen am vorgeschrittenen Morgen oft sehr kurz, so daß das Erwachen nur so etwas wie eine kleine Pause zwischen den Träumen darstellt. Befindet man sich in der richtigen Stimmung und Konstitution, klappt das Aus- und Wiedereinsteigen in ein Traumerlebnis auch durchaus mehrere Male hintereinander. Durch krampfhafte Willensanstrengung in einen gerade beendeten Traum zurückzukehren, fruchtet indes niemals. Krampfhaftes Wollen ist absolut kontraproduktiv; ein gelingender Verkettungsvorgang wird in dem Moment, in dem er geschieht, als der einfachste und natürlichste Vorgang der Welt wahrgenommen. Dem Gefühl nach geschieht er ganz von selbst und anstrengungslos.

# 10. Begegnungen mit Verstorbenen

Hinsichtlich der Entwicklung paranormaler Fähigkeiten sieht meine Bilanz bislang zugegebenermaßen eher mau aus. Bezüglich der spannenden und viel erörterten Frage, ob der OBE-Zustand Einblicke in die Welt des Jenseits ermöglicht, kann ich aber womöglich etwas beitragen!

Einmal habe ich in einem Traum eine wenige Wochen zuvor verstorbene Freundin der Familie getroffen und mich kurz mit ihr unterhalten können.

30.12.2012

*Ich hielt mich in einem futuristischen Gebäude mit vielen Stockwerken und langer Glasfront auf, die von den ebenfalls verglasten Treppen- bzw. Aufzugtürmen unterbrochen wurde. Im Erdgeschoß des mächtigen Gebäudes lief ich einen Gang direkt hinter der Fensterfront der Fassade entlang. Die Energieversorgung dieses Hauses wurde mittels Solarpanels gewährleistet, die als dünne Folie außen auf die Fensterscheiben aufgebracht waren. Durch diese futuristische Technik lag das Innere dieses Teils des Gebäudes in einem, angesichts der grellen Hochsommersonne draußen, angenehmen Halbschatten.*

*Obwohl sich dieses Gebäude in einer anderen Zeit- oder Wirklichkeitsdimension befand, besaß ich rudimentäres Wissen dar-*

*über. So wußte ich, daß sich vor dem Gebäude ein großer, mit Knochensteinen gepflasterter Platz befand und daß dieser Komplex genau an der Stelle stand, auf der im Neustadt der gegenwärtigen physischen Wirklichkeit die Realschule Plus im Neustädter Stadtteil Böbig stand.*

*Hier jedoch wurde das Gebäude, soweit ich es wußte, nicht als Schule genutzt. Im vorderen Teil waren hier Büros und Verwaltungen untergebracht, in denen aber zum Zeitpunkt meines Besuchs offenbar niemand arbeitete, denn das Gebäude, in dessen Untergeschoß ich gerade in Richtung des nördlichen Seitenflügels ging, schien leer zu sein. Mir war klar, daß sich hinten rechts der Zugang zu einer Toilette befand, die ich aufsuchen wollte. Am Ende des Gangs führte, auf der Höhe der Stelle, an der der Seitengang zu den WCs nach rechts abzweigte, eine Rolltreppe hinunter in ein lichtes, helles Erdgeschoß mit weiß gehaltenem Interieur. Hier ging das Verwaltungsgebäude in eine Ladenzeile über, eine von vielen, da der Rest des Gebäudes als eine Art Shopping Mall konzipiert war.*

*Von dort kam mir eine Person entgegen. Es war H., eine alte Bekannte meiner Mutter, mit der ich als Kind hin und wieder zu tun hatte. Schnell kam sie näher. Sie schien erfreut, jemanden Bekanntes zu sehen, und wir wechselten einige Worte. Sie war verwirrt über das große Gebäude; sie suchte einen ganz bestimmten Discounter, den sie aber im Gewirr der zahllosen Läden, die in kleinen Nischen entlang des langen Korridors untergebracht waren, nicht fand. Ich schaute noch vom oberen Absatz der Rolltreppe zu der aufgeräumten Ladenzeile hinüber und überlegte, ob ich vielleicht in der Lage wäre, das gesuchte Geschäft zu finden. Dann aber endete der Traum.*

*Erst nach dem Erwachen erkannte ich im vollen Umfang, daß die Person, der ich da begegnet war, bereits vor einiger Zeit verstorben war. Der körperlichen Fitneß und dem Aussehen nach zu urteilen, schien es ihr jetzt gut zu gehen. Sie ging aufrecht und schnell, ihr lockig gekräuseltes Haar war voll und grau meliert. Allerdings schien sie sich an dem Ort, an dem sich jetzt befand, noch nicht besonders gut zurechtzufinden.*

Inwiefern es sich tatsächlich um eine echte Begegnung mit dieser Person auf einer anderen Ebene der Wirklichkeit gehandelt hat, kann ich nicht beurteilen, doch fühlte sich das Zusammentreffen aus irgendeinem schwer zu bestimmenden Grund für mich subjektiv wahr und authentisch an. H. erschien mir als völlig eigenständige Person, d. h. sie agierte und reagierte unabhängig von den Zufallsassoziationen, die den Trauminhalt und das Verhalten von Personen in meinen Träumen oftmals „determinieren".

War es folglich eine wahre Begegnung, läßt sich die Erfahrung vielleicht mit Hilfe einiger bekannter Theorien über den Zustand eines Menschen nach seinem Tod reflektieren.

Es gibt die These, daß der Traumzustand dem Nachtodzustand ähnlich sei. Aus diesem Grund wird die Einübung ins luzide Träumen in der östlichen Meditationspraxis als Vorbereitung auf den eigenen Tod praktiziert, der als längerfristig anhaltender, also permanenter Traumzustand erlebt wird. Ist die These richtig, hätte dies einige bedeutende Auswirkungen. Es wäre klar, daß

- im Nachtodzustand, ähnlich wie eben im Traumzustand

auch, keine festen Bezugspunkte existieren, sondern alles von der individuellen Konstitution der Person abhängt, die in diesen Zustand eingeht.

- wie im Traumzustand Verwirrungen und Desorientierungen auftreten, weil die aus der alltäglichen Wirklichkeit mitgebrachten Gewohnheiten und Herangehensweisen zur Lösung eines Problems hier nur teilweise oder gar nicht mehr funktionieren.

Studiert man des weiteren OBE-Berichte, in denen Astralwanderer wie Robert Monroe oder Alfred Ballabene die „Anderswelt" gezielt nach dem Schicksal von Verstorbenen nach dem Tod untersuchen, ergeben sich interessante Übereinstimmungen:

Häufig scheint es Schwierigkeiten zu geben, sich in den Zustand hineinzufinden, so daß es eigene Zentren und Hilfsorganisationen verschiedener Couleur gibt, die sich der Neuankömmlinge annehmen bzw. denen sich diese nach einer Weile aus eigenem Antrieb anschließen. So berichtet Monroe von Sanatorien oder „Rehabilitationszentren", die offenkundig in eher neutraler Weise einfach helfen, den Übergang zu schaffen.

Daneben scheint es, darauf lassen einige Berichte von Ballabene schließen, auch weniger seriöse „Anbieter" zu geben, so daß Indoktrination und Instrumentalisierung durch falsche Lehrer ebenfalls nicht ausgeschlossen sind. Da aber, so Ballabene weiter, keinerlei Zwang existiert, in irgendeine bestimmte Richtung zu gehen (außer eben der selbstgewähl-

ten oder manipulativ aufoktroyierten), verbleiben auch viele
Individuen für sich oder in kleineren, mehr oder minder lose
verbundenen Kleingruppen und richten sich in einer eigenen
Welt ein, die wahlweise als das persönliche Scheinparadies
oder eben auch als die persönliche Hölle erscheinen kann.

All dies ist offenkundig möglich, da die in vielen Religionen
und esoterischen Philosophien für den Nachtodzustand er-
hofften höheren Erkenntnisse und Einblicke in die Seinswirk-
lichkeit scheinbar weitgehend ausbleiben – vielleicht, weil es
keinen nachvollziehbaren Grund zu der Annahme gibt, daß
ein exkorporiertes Bewußtsein über ein höheres Wissen und
bessere Erkenntnismöglichkeiten als ein inkorporiertes verfügt.

Betrachte ich meine Begegnung mit H. und beziehe dabei
die referierten Zusammenhänge mit ein, habe ich das Gefühl,
hier ein paar Aspekte des Genannten wiederzuerkennen: H.
schien, wie die Verstorbenen in den OBE-Berichten, ebenfalls
verwirrt und konnte sich – es waren wie gesagt nur wenige
Wochen seit ihrem Tod vergangen – in der Umgebung noch
nicht so recht orientieren. Zudem war sie sich offensichtlich
über den eigenen Zustand noch nicht oder nur ansatzweise
klar. Immerhin jedoch sah sie von ihrem Äußeren her gesün-
der und jünger aus als in ihren letzten Lebenstagen. Da das
Innere sich im Äußeren spiegelt, scheint diese Tatsache ein
gutes Zeichen dafür zu sein, daß sie sich insgesamt dennoch
auf einem guten Weg befand.

Die OBE-Berichte haben mich auf die Idee gebracht, in dem
eigentümlichen Gebäude mit seinen Verwaltungseinheiten
und der großen Ladenzeile eines jener sanatorienähnlichen

Eingewöhnungsinstitute zu sehen, die den Neulingen den Übergang erleichtert sollen. Wer weiß, aber vielleicht habe ich tatsächlich einen kleinen Einblick hinter den Schleier erhascht, der den weiteren Weg jenseits des physischen Todes verdeckt.

# 11. OBEs als Gesundheitsgefahr?

Besonders in den Weiten des Internets kursieren eine Vielzahl von Gerüchten, die angehende Astralwanderer ziemlich beunruhigen und verunsichern können. Ziemlich oft fiel mir bei meinen Recherchen die seltsame Behauptung auf, OBEs seien nur dann für Leib und Leben sicher, wenn umfangreiche „magische" Schutzmaßnahmen ergriffen würden. Und auf einer Website, auf der sich „neue Hexen" austauschen, stieß ich gar auf die Warnung, Astralprojektionsübungen steigerten das Herzinfarkt- und Hirnschlagrisiko!

Ich habe nicht die geringste Ahnung, wie man diese Behauptungen begründen will; ich halte sie für blanken Unfug! Ich glaube auch nicht, daß OBE-Übungen bei gesunden Menschen psychische Störungen auslösen können, wie manche befürchten. Im Gegenteil: Ich halte OBEs und luzide Träume sogar für gesundheits- und vitalitätsfördernd, wie ich im Kapitel „Was nützt das?" noch weiter ausführen werde!

Gewisse berechtigte Bedenken will ich damit natürlich nicht mir nichts, dir nichts vom Tisch wischen. Wenngleich mir keinerlei direkte Gefahren für Leib und Seele bekannt sind, lassen sich für den Fall, daß bei einer Person bereits vorher eine psychische Labilität vorliegt, gewisse Risiken von OBE-Versuchen nicht in Abrede stellen.

So gibt es psychische oder durch Erkrankungen des Zentralnervensystems bedingte Störungen wie Narkolepsie oder Parasomnie[5], die mit Verschiebungen im Schlafrhythmus einhergehen. Ein mögliches Symptom dieser mit Schlaf- oder Aufwachstörungen verbundenen Erkrankungen kann es sein, daß sich der hypnagoge Zustand gewissermaßen in den Wachzustand „hineindrängt" mit der Folge, daß die Betroffenen beim Einschlafen und Aufwachen vermehrte und intensivierte visuelle, manchmal akustische und taktile Halluzinationen erleiden. Während die hypnagogen Durchlaufstationen zum Traum von den meisten Träumern nur selten bewußt wahrgenommen werden – es sei denn, sie nehmen sich dies willentlich vor und trainieren sich gezielt darauf –, erleben die an dieser Schlafstörung Leidenden diesen Zustand, ohne dies zu wollen und ohne das Erlebte sinnvoll einordnen zu können! Liegt diese Symptomatik vor, können hypnagoge oder OBE-ähnliche Zustände zu enervierenden Erfahrungen werden, da die Betroffenen meist keine Vorstellung über die Natur der Sache haben und die Erlebnisse als extrem verstörend und angsteinflößend wahrnehmen.

In seltenen Fällen kann dies so weit gehen, daß die Patienten ihre nächtlichen Schreckenserlebnisse oder visionären Erfahrungen als völlig realistisch interpretieren und Entführungen durch Aliens bzw. Begegnungen mit übernatürlichen Wesen aller Art darin erkennen! Sicherlich nicht alle, aber sehr viele Berichte über entsprechende Ereignisse dürften auf unverarbeiteten oder unverstandenen OBE-Zuständen oder hypnagogen Erlebnissen beruhen.

---

5    Näheres dazu unter http://charite.de/dgsm/rat/parasom.html

Daß Personen in problematischen psychischen Situationen unter gewissen Umständen Schwierigkeiten mit OBEs haben können, läßt sich also nicht bestreiten. Grundsätzlich wird pyschisch labilen Personen, bei denen eine diagnostizierte Schizophrenie, Psychose o. ä. vorliegt, von einer Teilnahme an allen in die Tiefe der Psyche eindringenden Methoden abgeraten, sei es Autogenes Training oder „Phantasiereisen", weil diese unkontrolliert an die Oberfläche des Bewußtseins bringen können, was besser nicht dorthin gelangen würde. Derselbe Rat muß wohl auch bezüglich der OBE-Methoden gelten.

Wer über die Besonderheiten des hypnagogen Zustands Bescheid weiß und sich gesund, gefestigt und wohl fühlt, wird aber in der Regel mit keinen negativen Auswirkungen von OBE-Versuchen rechnen müssen. Mit Ausnahme der im Kapitel „Hypnagoge Schrecken" geschilderten Ereignisse sind mir jedenfalls kaum irgendwelche wirklich unangenehmen Zwischenfälle während meiner OBEs widerfahren.

Dennoch sollte jeder im Auge behalten, daß die persönlichen biographischen Prägungen und die eigenen inneren Einstellungen einen entscheidenden Einfluß auf das ausüben, was im hypnagogen Zustand bzw. während einer OBE erlebt wird. Negative, angstbeladene Gedanken, angespannte Gemütslagen und Lebenseinstellungen führen auch bei ansonsten psychisch Gesunden mit großer Sicherheit zu unerfreulichen Erfahrungen in der OBE-Welt! Schließlich kann einem im Traumzustand schlicht und ergreifend alles, was sich eine lebhafte Phantasie auszumalen vermag, als eine vollkommen real wirkende Erfahrung begegnen; ausnahmslos alles ist denkbar! Schilderungen von Vampir-Überfällen, Zombie-Attacken oder Begegnungen mit anderweitigen monströsen Kreaturen sind zur Genüge in der OBE-Literatur dokumentiert.

Neben der Tatsache, daß Ängste und negative psychische Dispositionen als die im Traum allein wirksamen Gestaltungskräfte für Konflikte sorgen können, muß an dieser Stelle auch auf vereinzelte, hin und wieder als OBE-Techniken angepriesene Übungen hingewiesen werden, die u. U. doch eine echte Gesundheitsgefahr darstellen können!

Besonders in der esoterisch-okkulten Literatur tauchen mitunter Methoden auf, die auf Atmungserschwerung hinauslaufen. Durch Luftanhalten bzw. Veränderungen im Atemrhythmus soll die Atmung auf eine „innere Atmung" (nach dem schwedischen Theosophen und Naturforscher Emanuel Swedenborg, 1688-1772) beschränkt werden. Dadurch erfolgt eine Anreicherung von Kohlendioxid im Blut und Sauerstoffmangel im Gehirn, was ebenfalls außerkörperliche Erfahrungen begünstigen soll. Das kann in der Tat funktionieren! Nicht von ungefähr werden die insbesondere bei Nahtoderlebnissen häufig beschriebenen Lichtphänomene und „außerkörperlichen Erfahrungen" medizinisch auf eine durch Atemstillstand, Ersticken oder Ertrinken hervorgerufene starke Kohlendioxidkonzentration im Blut zurückgeführt, die dann zum akuten Sauerstoffmangel im Gehirn führt. Diesen Zustand künstlich herbeiführen zu wollen erscheint mir allerdings völlig obsolet!

Im Kundalini-Yoga wiederum wird zur Weckung der Kundalini-Kraft eine „Wechselatmung" durch abwechselnd zugehaltene Nasenlöcher angewandt. Auch das soll die OBE-Fähigkeit steigern. Wie das sogenannte „holotrope Atmen" läuft diese Technik auf eine Hyperventilation hinaus, die zu einer starken Abnahme der Kohlendioxid-Konzentration im Blut führt. Dies kann, bei unsachgemäßer oder übertriebener Anwendung, Spasmen auslösen. Manche Experten warnen gar vor der Gefahr der Hirnschädigung. Besonders bei Vorerkrankungen des Herz-Kreislauf-Systems, Epilepsie-Präferenz, Asthma oder Schwangerschaft können solche Techniken sehr gefährlich sein. Vorsicht und kritische Distanz sind also bei der Auswahl der Methoden und Techniken oberstes Gebot!

Dasselbe gilt für die unnatürliche Veränderung des Schlaf- und Biorhythmus, die von manchen Autoren empfohlen wird, um gezielt eine Übermüdung, Desorientierung und ein Gefühl des „Neben-sich-Stehens" zu erzeugen, was einer OBE förderlich sei. Es ist nicht nötig oder angebracht, Zustände von Übermüdung und Desorientierung bewußt zu forcieren, um OBEs zu erleben.

In diesem Zusammenhang ist auch die Frage interessant, ob ein Schlaf mit OBEs oder luziden Träumen ebenso erholsam und gesund ist wie der gewöhnliche Schlaf. Meine persönliche Erfahrung ist, daß luzide Träume bei mir keinen merklichen Einfluß auf den Grad meiner Ausgeschlafenheit und Erholung haben.

## 12. Was man auf jeden Fall (nicht) versuchen sollte!

Wem es das allererste Mal gelungen ist, einen luziden Traum zu erzeugen, ist von der neuen Erfahrung meist so überwältigt, daß es ihr oder ihm bereits völlig genügt, in der Umgebung, in welcher gerade Klarheit erlangt wurde, umherzugehen, den Zustand zu fühlen und sich überhaupt erst einmal der Tatsache bewußt zu werden, welches Neuland hier soeben betreten wurde! Sobald jedoch der Zustand ein zweites oder ein drittes Mal eintritt, stellt sich – so war es zumindest bei mir der Fall – ein gewisses Gefühl der Verlorenheit und der Ratlosigkeit ein. Ich wurde mir bewußt, auf der Schwelle einer mir völlig neuen und unbekannten Welt zu stehen, und wußte nicht, was und wohin. Vielfach berichten luzide Träumer in diesem Stadium ihrer Entwicklung, daß sie, sobald sie Luzidität erreichten, immer wieder von Desorientierung, Angst, ja direkter Panik überfallen wurden und, weil emotional überfordert, abrupt aus ihrem Traum erwachten.

Obwohl ich das in dieser extremen Form selbst nicht erlebt habe, kann ich mir lebhaft vorstellen, daß es eine überwältigende und verwirrende Erfahrung sein kann, sich urplötzlich tagbewußt in einer mitunter total fremden Umgebung wiederzufinden. Sich in dieser neuen Welt irgendwie Halt und Orientierung zu verschaffen, um von dort aus zu einem selbstbestimmten Handeln zu finden, dürfte wohl eines der zentralen Anliegen sein, wenn jemand beginnt, astrale Umgebungen zu erforschen.

Diesen Halt kann eine detaillierte Vorausplanung der eigenen Tätigkeiten in der Traumwelt liefern. Schon im Wachzustand mache ich mir dazu meine Gedanken, welche Wünsche und Vorhaben ich im nächsten Klartraum realisieren will. Da aber selbst die Zusammenstellung einer solchen Wunschliste anfangs schwerfallen kann, weil man sich noch gar nicht so recht über die tatsächlichen Möglichkeiten im klaren ist, mag es hilfreich sein, einfach einige Vorschläge zu unterbreiten, was man im Klartraum vielleicht einmal ausprobieren könnte. Neben dem Fliegen und dem Durchdringen fester Materie, beides „Klartraum-Basics", die im zweiten Teil dieses Buches noch näher ausgeführt werden, empfehle ich hierzu folgende Nutzungsmöglichkeiten für einen luziden Traumzustand:

- *Mit Traumfiguren sprechen und interagieren:* Diese Übung ist relativ einfach umzusetzen und führt fast immer zu sehr interessanten Ergebnissen! Gehen Sie einfach ein wenig im Traum spazieren mit dem Wunsch, jemanden zu treffen. Zumeist findet sich dann jemand um die nächste Häuserecke oder hinter irgendeiner anderen Sichtbarriere. Seien Sie höflich und aufgeschlossen im Umgang; es ist nicht geschickt, mit Traumpersonal anders als mit realen Personen umzugehen!

- *Bewegungsabläufe, z. B. der eigenen Lieblingssportart, trainieren:* In meinen Träumen bin ich immer mal wieder mit dem

Fahrrad unterwegs. Das Tolle daran ist, daß Radfahren und andere Sportarten im Traum eine ganz faszinierende Eigendynamik entwickeln; die Schnelligkeit und Leichtigkeit der Bewegungen ist unvergleichlich! In der Sportwissenschaft setzt man sich inzwischen sogar ganz gezielt mit der Möglichkeit auseinander, Klarträume zum motorischen Lernen zu nutzen. Paul Tholey soll auf diese Weise Snowboard- und Einradfahren trainiert haben. Und der Klartraum- und Sportwissenschaftler Daniel Erlacher hat das Thema in seiner Dissertation bearbeitet.[6]

- *Problemlösungen vorträumen bzw. erproben:* Sehr häufig kommt es vor, daß wir in unseren morgendlichen Träumen mit irgendwelchen tagesaktuellen Problemen zu tun haben. Während im unbewußten Traum oft ein negativer Ausgang „vorgeträumt" wird – ein Vorstellungstermin geht gründlich daneben, Termine werden total verschwitzt oder ein Vorhaben scheitert in einer Aneinanderreihung peinlicher Zwischenfälle –, kann ich im Klartraum die Verhältnisse umkehren! Nehme ich mir irgendein Problem in den luziden Traum mit, kann ich praktikable Lösungsmöglichkeiten antizipieren. So konnte ich einmal den Aufbau eines Ikea-Schrankes vorträumen, den ich am Abend zuvor entnervt aufgegeben hatte. Innerhalb meines Traums fand ich nach kurzem Suchen einen Raum, in welchem die Einzelteile des Schranks so lagen, wie ich sie hinterlassen hatte.

6  Erlacher, Daniel: *Motorisches Lernen im luziden Traum: Phänomenologische und experimentelle Betrachtungen.* Heidelberg 2005, http://archiv.ub.uni-heidelberg.de/volltextserver/5896/

Ein inneres Konzept umsetzend, das mir nur allmählich zu Bewußtsein kam, konnte ich den Schrank nun aufbauen. Mit der ruhigeren und klareren Haltung, die sich aus diesem Traum ergab, war der Zusammenbau des realen Schrankes am nächsten Vormittag kein größeres Problem mehr.

- *In eine andere Person hineinschlüpfen:* Dieser Vorschlag mag zunächst etwas irritieren, ist aber im luziden Traum eine vergleichsweise einfache Übung. Schlüpfe ich in einen fremden Körper hinein, kann ich die Motorik der Person übernehmen, u. U. sogar mit deren Gedanken und Gefühlen in Kontakt kommen und aus erster Hand lernen, wie andere Menschen mich sehen und beurteilen. Manchmal, insbesondere wenn ich in Personen eintrete, die ich nicht kenne und mit denen ich zuvor auch nicht gesprochen habe, ist der Vorgang auch wesentlich unspektakulärer. Dann habe ich das Gefühl, nur eine „leere Hülle" zu besetzen und gewissermaßen einen Marionettenkörper mit meinem Bewußtsein zu beleben. Gelegentlich wird behauptet, solche Übernahmen seien nur möglich, wenn man zuvor den eigenen Traumkörper aufgelöst und in ein punkt- oder wolkenförmiges Ich-Bewußtsein, einen körperlosen Ich-Punkt, umgewandelt habe. Meiner Erfahrung nach kann der Eintritt und die Übernahme auch einfach durch die Integration des eigenen Traumkörpers in die fremde Physis geschehen.

- *Sex imaginieren:* Körperliche Liebe im Traum ist eine bemerkenswerte Sache, die allerdings – wie im Kapitel „Ein eigenes Gebiet: Sex im Traum" zu sehen – fast immer zu überraschenden und seltsamen Ergebnissen führt.

● *Eine „ Sternenreise" unternehmen:* Besuchen Sie den Weltraum und bereisen Sie die Milchstraße, wie es auch Robert Monroe anregt! Was dabei zu erleben ist, entspricht allerdings nur selten dem, was ein astronomisch Gebildeter erwarten würde!

● *Alptraumpersonal besiegen:* Eine positive Eigenschaft des luziden Träumens war für mich von Anfang an, daß ich mich als selbstbestimmter Herr im eigenen Traumreich fühlte und auch keine Angst mehr haben mußte, daß mir dort irgend etwas Gefährliches passieren könnte. Sobald sich Luzidität einstellt, ist klar, daß alles „nur" ein Traum ist und nichts und niemand mir schaden kann. So wurde ich einmal in einem finsteren Traum von einem schwarzen Schatten angegriffen, der aus der Dunkelheit hinter einem Müllcontainer hervorkam und sich auf mich stürzte. Ich verspürte keinerlei Angst und wehrte mich auch nicht gegen den Angriff. Einfach nur neugierig, was geschehen würde, ließ ich mich überwältigen und niederwerfen! Ich fühlte keinen Schmerz, keine Verletzung; es kam lediglich eine tiefe Dunkelheit über mich, die sich als harmloses Überblendungsphänomen in eine andere Traumszenerie entpuppte. Nicht ohne Grund verwendet man bei der psychotherapeutischen Behandlung von Angstträumen, die traumabedingt immer wieder mit gleichbleibenden Inhalten wiederkehren, inzwischen Methoden, die z. B. an die MILD-Technik von Stephen LaBerge erinnern und durch Wieder-, Neu- und Umträumen von Träumen Luzidität erzeugen können und so Alpträume auflösen und in positive umwandeln. Dazu wird z. B. empfohlen, Alptraumgestalten zu stellen und sie ganz direkt zu fragen, was sie wollen. Im Gespräch kann dann ein innerer Konflikt deutlich gemacht und ein Problem gelöst werden, das auch im Alltagsleben eine Blockade in der Entwicklung und Persönlichkeitsentfaltung darstellt.

Diese kleine Liste mit Vorschlägen, was man im Traum unternehmen könnte, kann natürlich nach persönlicher Phantasie und eigenem Gusto beliebig erweitert werden!
Neben der Positivliste der Dinge und Operationen, die im luziden Traum erwünscht sind, habe ich aber auch meine individuelle Negativliste zusammengestellt, was ich im luziden Traum auf keinen Fall unternehmen möchte. Auf dieser Liste steht einiges, das ich als psychologisch bedenklich einstufe.

So ist es sicherlich eine Sache, ob man mit dem Personal gewöhnlicher Alpträume umzugehen lernt oder ob man so weit gehen will, Klartraumzustände zu nutzen, um – ohne professionelle Begleitung und zu selbsttherapeutischen Zwecken! – eigene Traumata oder psychische Krisen zu konfrontieren und aufzuarbeiten! Von solchen unkontrollierten Experimenten würde ich dringend abraten!

Auch halte ich es für psychologisch heikel, im Alleingang Rückführungen in frühere Leben à la Thorwald Dethlefsen auszuprobieren. Da solche Regressionen in leichtem hypnotischen Schlaf durchgeführt werden, besteht die grundsätzliche Möglichkeit dazu ganz sicher auch im Klartraumzustand, z. B. indem Tunnelprojektionen bewußt mit diesem Ziel durchgeführt werden. Therapeuten warnen indes eindringlich, mit derlei Methoden herumzuspielen! Grundsätzlich ist wohl jeder Psychotherapie- und Selbstmedikationsversuch ohne professionelle Begleitung mit größter Vorsicht zu genießen.

Total abwegig erscheint mir, was ich auf einigen Websites zum Thema Klartraumtechniken gelesen habe: Auf einer las ich die Empfehlung, doch einfach Selbstmord zu begehen, wenn man aus einem Traum erwachen wolle – es könne einem ja nichts passieren! Das kommt mir genauso irregeleitet vor wie die Phantasien einzelner, denen offenbar der Gedanke sympathisch ist, im Klartraumzustand straflos Menschen und Tiere töten zu können.

# 13. Was ist real? Der Realitätstest!

Ist man im Traum bewußt geworden oder ist zumindest eine Ahnung, ein Verdacht entstanden, sich vielleicht in einem Traum zu befinden, kommt gleich als Nächstes ein besonders wichtiges und interessantes Instrument zum Einsatz: der Realitätstest (Reality Check, kurz RC). Er hilft, im Zweifelsfall die Situation zu überprüfen und sich objektive Klarheit über den eigenen Zustand zu verschaffen. Insbesondere im falschen Wachliegen ist, wie wir gesehen haben, die Ausgangslage nicht immer eindeutig und über jeden Zweifel erhaben. Für diesen Fall steht dieses Handwerkszeug zur Verfügung. Mit Hilfe des RC lassen sich Traumanzeichen erkennen, so daß der Traum als solcher identifiziert werden kann. Hierbei werden aktive und passive Realitätstests unterschieden.

Beim passiven RC fallen einem in der aufmerksam untersuchten Umgebung Merkwürdigkeiten, Auffälligkeiten oder Diskontinuitäten auf. Häufig stellt man z. B. beim Ablesen von Uhren im Traum Ungereimtheiten fest: die angezeigten Uhrzeiten ergeben keinen Sinn. Die Uhr beginnt urplötzlich zu rasen, oder Digitaluhren zeigen anstelle der üblichen Ziffern kryptische Zeichen. Wird das Ablesen einer Uhr ganz bewußt wiederholt, wird aus dem passiven RC ein aktiver. Der aktive RC basiert darauf, gezielt irgendeine Tätigkeit auszuführen, deren Ergebnis eine Entscheidung über den augenblicklichen Zustand zuläßt; der Fingertest ist ein Paradebeispiel hierfür.

Da ein einzelner RC hin und wieder in die Irre führen kann, wird häufig empfohlen, eine Situation mit mindestens zwei verschiedenen Testmöglichkeiten zu überprüfen. Folgende Traumanzeichen sollte man sich unbedingt einprägen. Sie geben meiner Erfahrung nach die nützlichsten und zuverlässigsten Realitätstests ab:

- Mir ist anstrengungslose Fortbewegung, beinahe schwereloses Springen und Fliegen möglich.
- Ich kann den Zeigefinger der einen Hand durch die Handfläche der anderen stecken und weiß dadurch, daß ich träume.
- Ich kann durch die zwischen Daumen und Zeigefinger zugekniffene Nase atmen. Auch dies funktioniert nur im Traumzustand.
- Es zeigen sich plötzliche Veränderungen beim wiederholten Lesen von Texten oder Uhren.

Was Realitätstests und die intensive Beschäftigung mit ihnen bewirken können, belegt eine OBE vom Sonntagmorgen, 25.09.11.

*Die Nacht war erfüllt von Kurzträumen, in denen ich u. a. an der Wohnungstür mit anderen über luzide Traumtechnik (Finger durch die Hand stecken) gesprochen habe, obgleich diese Träume selbst nicht luzid waren. Kurz vor dem Weckerklingeln ergab sich schließlich Folgendes: Ich war auf einem schmalen Durchgang zwischen einem Gebäude links und einem Flachdachgebäude rechts und führte einen Realitätstest durch: Ich versuchte durch die zwischen Daumen und Zeigefinger zugekniffene Nase zu atmen – es gelang problemlos und verriet die Szenerie als Traum!*

*Unentschlossen, was ich weiter tun sollte, folgte ich dem mit grauen Betonplatten ausgelegten Weg und faßte dabei den Plan, mich in mein Zimmer zu „teleportieren". Außerdem überkam mich die Befürchtung, ich könne die Klarheit schnell wieder verlieren. So rieb ich mir die Hände und sagte mir: „Ich bleibe im Traum!", das half etwas.*

*Der Weg führte etwas weiter vorne auf einen Spielplatz. Rechts an der Ecke des Flachdachgebäudes gab es eine Glastür. Dort begegnete ich H., einem Mädchen aus der dritten Klasse, deren Klassenleitung ich dieses Jahr hatte. Die Begegnung mit H. lenkte mich ab von dem Projekt, mich in mein Zimmer zu begeben. Leider weiß ich vor Überraschung und der Menge der Eindrücke, die auf mich einstürmten, nicht mehr, wie sich das Gespräch mit H. genau entwickelte. Jedenfalls zeige ich ihr den Trick mit dem Atmen durch die geschlossene Nase. Und sie erkannte infolge dessen ebenfalls, daß sie träumt. Was dann geschah, daran erinnere ich mich nicht mehr.*

*Im weiteren ging der Traum jedenfalls in eine Art Landschulheimsituation über (evtl. im Inneren des Flachdachgebäudes?). Überall wuseln Kinder herum; sie sind in den Zimmern und auf den Toiletten aktiv. Diesen Teil des Traums habe ich nicht mehr sehr gut unter Kontrolle. Ich bin sehr schnell wieder im gewöhnlichen Traum, obwohl ich noch mehr oder minder weiß, daß ich träume. Viele Ablenkungen treiben mich hin und her, so daß Distanz und Kontrolle weitestgehend verlorengehen.*

*Aus Spaß frage ich H. montags im Sitzkreis indirekt danach, ob sie sich evtl. an eine solche Traumbegegnung erinnere. Sie lächelt aber nur unsicher und verneint.*

## Trainingseinheit

# Ein distanzierter Beobachter werden

Dieser Trainingsbaustein ähnelt ein wenig den Übungen, die Sie in der Einheit zur Reflexionstechnik kennengelernt haben. Der wesentliche Unterschied ist der, daß es nun darauf ankommt, sich selbst zurückzunehmen und gegenüber den eigenen Alltagserlebnissen die Haltung eines außenstehenden Dritten einzunehmen. Hierzu entscheiden Sie sich bewußt, sich für eine Weile aus der augenblicklichen Situation herauszuziehen und alles in Ruhe aus einem gewissen Abstand heraus zu betrachten. Auf diese Weise zumindest zeitweilig den innerlich Unbeteiligten zu spielen kann einem helfen, eine Situation zu klären und objektiver zu analysieren, als dies bei einer üblichen Involviertheit möglich wäre.

In der östlichen Meditationspraxis gibt es vergleichbare Verfahren, die die distanzierte Beobachterhaltung von der Umgebung auf die Regungen des eigenen Geistes ausweiten. Sie leiten dazu an, diese genau zu beobachten und so etwas wie einen „inneren Zeugen" der eigenen Gedanken zu entwickeln!

Auf jeden Fall kann die Verbesserung der eigenen kritisch-distanzierten Beobachterfähigkeit eine immense Schärfung der eigenen Bewußtheit ergeben, die – auf die Traumwirklichkeit übertragen – in ein bewußtes Erwachen innerhalb des Traums mündet.

Suggestionsübungen, die die Beobachtungsfähigkeit unterstützen, können meiner Erfahrung nach durchaus weiterhelfen. So habe ich beim morgendlichen Wiedereinschlafen durch entsprechende Suggestionen meine Absicht verdeutlicht, in meinen Träumen als ein kritisch-distanziertes und genau beobachtendes Ich zu erscheinen, das aus einem gewissen Abstand zu den Ereignissen heraus Merkwürdigkeiten und Veränderungen aufmerksam registriert. In der Tat konnte dadurch die Achtsamkeit auf gewisse Merkwürdigkeiten in der Traumumgebung deutlich gesteigert werden.

# 14. Wie man den OBE-Zustand stabilisiert

Wer schon einmal einen Klartraumzustand erreicht hat, wird sicher bestätigen können, daß es u. U. gar nicht so leicht ist, diesen Zustand lange aufrechtzuerhalten. Entweder man erwacht unmittelbar, nachdem sich der Klarheitsmoment eingestellt hat, oder es folgt eine Reihe chaotischer und unwillkürlicher Wechsel in verschiedenartigste Traumszenerien, an deren Ende wiederum das ganz normale Erwachen steht. Der Klartraumzustand neigt also deutlich zur Instabilität. Insbesondere bei den ersten Klartraumerlebnissen spielen Aufregung und Desorientierung eine große Rolle. Sie führen dann schnell zum Kontrollverlust und zum Erwachen aus dem Traum.

Doch auch wenn sich nach mehreren Erfahrungen bereits eine gewisse Routine eingestellt hat, bleibt die Sache heikel. Sehr häufig habe ich bei einer mangelnden Stabilisierung mit merkwürdigen Sehstörungen und körperlichen Lähmungserscheinungen zu kämpfen. Eine gründliche Stabilisierung des Zustands ist also vonnöten. Um die Notwendigkeit der Traumstabilisierung besser zu verstehen, mag die Schilderung einer OBE vom 08.06.2013 hilfreich sein, in der deutliche Stabilisierungsprobleme auftraten und das Erlebnis trübten, weil ich die haptische Traumstabilisierungsstrategie (siehe unten) offenbar nicht gründlich und geduldig genug ausgeführt habe.

*Nachdem ich mit dem Üben begonnen habe, schlafe ich, ohne es sofort zu bemerken, ein und gerate so in ein geträumtes Wachliegen. Mir entgeht für den Moment, daß die nun beobachtete Situation eine Geträumte ist. Auf dem Bauch liegend blicke ich in mein Jugendzimmer und denke dabei noch immer darüber nach, einen Klartraum zu induzieren. Eine hypnagoge Zeichentrickfigur, dem kleinen Arschloch nicht unähnlich, versucht sich in derselben Übung. Dann tritt ein weibliches Pendant zum Opa des kleinen A.s, hinzu – alt, dicke Brille – und läßt verlauten, daß dazu ruhig und gelassen gewartet werden müsse. Das kleine A. interessiert das natürlich nicht. Kurzum schmiert es eine braune ölige Flüssigkeit mitten in die Luft, springt hindurch und kommt auf der „anderen" Seite im Flugmodus wieder heraus; so geht's natürlich im Wortsinn „wie geschmiert"!*

*Nachdem ich diese kleine Szenerie betrachtet habe, dämmert mir, daß ich mich hier im Augenblick selbst in nichts anderem als einem Klartraumzustand befinden muß!*

*Im nächsten Augenblick finde ich mich selbst mit Blick zum Fenster in der Küche meiner Eltern wieder. Draußen herrscht ein heller, aber bedeckter Tag. Am Fenster hält sich ein Mann auf, der mich an irgendeinen Nachrichtensprecher im TV erinnert, dessen Name mir aber entfallen ist. Er will mit mir über luzide Träume theoretisieren und mir erklären, daß sie Simulationen und Illusionen seien, die im Gehirn erzeugt werden. Vor ihm gerate ich ins Fliegen, mache über ihn hinweg einen Purzelbaum durch das Küchenfenster und sage ihm dabei noch: „Gleich können wir uns richtig über Klarträume unterhalten!" – nämlich nicht nur theoretisch!*

*Nachdem ich das Fenster widerstandslos passiert habe, lasse* ich mich aus dem vierten Stock frei nach unten fallen, überschlage mich, schwinge mich wieder auf und kehre in die Küche zurück. Der „Nachrichtensprecher" ist nicht mehr da, und ich fliege einige Runden in dem für solche Mätzchen doch etwas zu engen Raum umher. Ich habe Lust, mehr als das zu unternehmen, bemerke in diesem Moment aber eine Verdunklung der Umgebung.

Im Dunklen tauche ich in Richtung Fußboden ab, um mich dort haptisch, also durch Berührung zu stabilisieren. Sofort wird es wieder heller. Ich erkenne, daß meine linke Hand auf kleinen, gelblichen Fliesen und meine rechte Hand auf einem graubraun gemusterten Teppich liegen. Beides gab es in früheren Tagen tatsächlich einmal in der Küche meiner Eltern. Trotz der Stabilisierungsbemühungen bleibt meine Sicht zumindest auf dem linken Auge gestört und verzerrt.

Noch einmal stabilisiere ich etwas, indem ich meine Hände fest auf dem Fußboden reibe, und sehe dann, meinen Kopf nach rechts drehend, daß ich im halbdunklen Wohnzimmer auf den ausgeschalteten Fernseher blicke. Dummerweise hänge ich mit der linken Hälfte des Gesichts und des Körpers auf dem Fußboden fest, so daß ich mich nicht losmachen und weggehen kann. Mein linkes Auge wird etwas von einem weißen Nebel getrübt.

Plötzlich bewegt sich von der Seite her ein fast völlig durchsichtiges Geisterwesen durch die Szenerie. Es weist die Silhouette eines langen, sehr dürren Menschen auf. Kurz beneide ich das Wesen darum, daß es sich hier so frei und ungebunden zu bewegen vermag, zugleich steigert der Auftritt des Geistes meine Herzfrequenz spürbar. Schließlich erkenne ich die Gestalt als Skelett, das unbewegt, wie in den Raum projiziert, vorüberzieht. Zugleich wandelt sich die Wohnzimmerszenerie gleitend *in die meines Schlafzimmers, und ich bemerke, daß ich auf der linken Seite in meinem Bett liege – in derselben Körperlage, die ich beim Üben zuletzt eingenommen hatte.* Beginn: 5:38 Uhr; Ende: 6:17 Uhr.

Wie klar zu sehen ist, läßt sich hier mit dem Klartraumzustand recht wenig anfangen, weil die haptischen Stabilisierungsmaßnahmen nicht greifen und mir so ein ungestörtes Erkunden der Traumumgebung verwehrt bleibt. Glücklicherweise ist es nur ganz selten der Fall, daß selbst gründliche Stabilisierungsversuche fruchtlos bleiben.

Insbesondere luzide Träume, die mit einem geträumten Erwachen beginnen, zeigen sich bekanntermaßen als sehr anfällig für derartige Schwierigkeiten. Nicht selten hat man mit dem Problem der Selbstbilokation zu kämpfen: Man kann sich bereits ansatzweise in einer hypnagogen Traumszenerie bewegen, fühlt aber nach wie vor den im Bett liegenden physischen Körper sehr deutlich, so daß man das hypnagoge Bewegungserlebnis nicht stabilisieren kann und wieder aus dem Traum „herausfällt".

Eine der wirksamsten Hilfen in diesem Fall ist es, irgendeinen willkürlich ausgewählten Fixpunkt in der Traumumgebung konzentriert und beharrlich anzustarren. Diese optische Traumstabilisierungsstrategie kann bewirken, daß man sich auf der gegebenen Ebene „einschwingt" und der Körper im Bett aus dem Fokus gerät. Auch kann man sich in dieser Situation denken und wünschen, die eigenen Hände zu sehen, und dabei versuchen, diese zu reiben; letzteres erweitert die optische um eine haptische Stabilisierungsstrategie. Das gewünschte Ziel mit Suggestionen wie „Mehr Realismus!" deutlich zu formulieren unterstützt den Vorgang ebenfalls.

31.05.2013

*Nach dem Übungsbeginn um 4:48 Uhr finde ich mich in einem Traum wieder, in welchem ein Mischwesen aus Mensch und Tier, eine Art großer „Werbock" mit weißem Zottelfell, nach seiner Mutter sucht und schließlich, in der kuriosen Gestalt eines langhaarigen blonden Mannes in der Aufmachung eines Transvestiten (!), mit dem Auto in eine große Stadt fährt, um dort seine Suche fortzusetzen.*

*Auf einer verkehrsreichen Straße in dieser Großstadt erinnere ich mich meines Vorhabens, luzid weiterzuträumen, und löse mich aus der bloßen Beobachterrolle, die ich bislang in dem „Werbock"-Traum innehatte, einer typischen Abfolge hypnagoger Traumszenerien, in denen man sich als unluzider passiver Betrachter erlebt.*

*Der „Werbock" verschwindet aus meinem Fokus und muß seine abenteuerliche Suchfahrt ohne mich bestehen. Sogleich steige ich in den grau bedeckten Himmel über der Großstadt auf und betrachte das realistisch anmutende Panorama aus Bürogebäuden aus Glas und Beton. Bei dem gräulichen Licht fällt mir das weiße Licht der Straßenlaternen entlang der Verkehrsstraße stark ins Auge.*

*Nachdem ich eine Flugrunde gedreht habe, beschließe ich, eines der Gebäude unter mir zu erkunden. Durch ein Satteldach mit dunkelbraun glänzenden Ziegeln gerate ich in eine Wohnung, in der mir aber alles eine Nummer zu klein und eng vorkommt. Der Raum wirkt wie eine durch Kerzenlicht erleuchtete Dachkammer.*

Links neben mir gibt es einen langen Tisch, auf dem ein Puppenhaus steht. Die Dinge in dem Raum wirken eckig, kantig und un-
echt, als seien sie allesamt aus kleinen Legosteinchen zusammen-
gefügt. Ich schaue mir das Innenleben des Puppenhauses näher an
und drücke zur Stabilisierung meine Hände an die Wand eines
der Puppenhauszimmer. Das funktioniert, das Bild wird gleitend
lebhafter und detailreicher, der künstliche Eindruck vergeht; das
Gesicht einer kleinen Puppe mit aufgemalten blauen Augen und
struppigem, dunkelblonden Haar fällt mir besonders auf.

Dann aber schwindet das goldene Kerzenlicht, und ich merke, daß ich zu erwachen drohe. Noch einmal verstärke ich die
Traumstabilisierung, indem ich das Puppengesicht intensiv an-
starre und den Druck meiner Hände erhöhe. Zu meinem Erstau-
nen kann ich das Erwachen verhindern und durch eine kurze
Dunkelheit hindurch einfach weitergehen.

Durch eine Holztür mit Glaseinsatz verlasse ich den Raum
und gehe in einen Flur, der ebenfalls von sachtem, warmem Licht
erhellt ist. Eine gepolsterte Eckbank steht dort und zur Deko eine
Milchkanne (?) aus Blech. Am Ende des Gangs befindet sich zur
Rechten die Haustür. Sie steht offen, und ich gelange in einen
kleinen, mit Steinplatten ausgelegten Vorgarten, der von dunklen
Büschen gesäumt ist. Der Himmel ist rabenschwarz und Gewit-
terblitze zucken.

Um in eine freundlichere Szenerie zu gelangen, knie ich mich
zu Boden, lege die Hände fest auf die Waschbetonplatten und
wünsche mir eine angenehmere und schönere Umgebung. Ich
habe das Gefühl, daß auch diese Übung klappt. Ich ziehe mich
durch die Haustür in das Gebäude zurück und gerate dort in ein
großes, freundlich und hell erleuchtetes Restaurant. In dem weit-

läufigen Raum – er ist in warmer Holzoptik ausgestattet – sitzen viele Leute an zahllosen Tischen.

Mein Gefühl sagt mir, daß sich dieses Restaurant noch immer in genau derselben Stadt befindet, in der ich meine Exkursion begonnen hatte. Vor der Glasfront im Eingangsbereich ist unter einem grauen Himmel dieselbe Art von Gebäuden wie zu Beginn des Traums zu erkennen. Links neben der Tür entdecke ich einen kleinen Weihnachtsbaum, ein kunstvolles Stück Schmiedehandwerk: die Silhouette eines Christbaums wurde mit silbrig glänzenden Metallbögen nachempfunden und das Ganze durch bunte Glaskugeln ergänzt. Es ist hier also gerade Weihnachtszeit! Das erklärt, warum es draußen so grau und trüb ist: es herrscht die dunkle Jahreszeit.

Ich wende mich von dem Christbaum ab, überblicke die Szenerie und denke kurz daran, aus dem Traum aufzuwachen, um nicht den Überblick über die Details zu verlieren. Dies würde nämlich die Eintragungen in mein Traumtagebuch erschweren. Dann entscheide ich mich aber, meinen Rundgang durch das belebte Restaurant fortzusetzen. Dummerweise löst sich genau in diesem Moment die Szenerie unaufhaltsam auf und ich finde mich in meinem Bett wieder. Es ist 6:08 Uhr.

Ein recht bemerkenswerter Klartraum, bei dem vor allem die gelungene Anwendung von traumstabilisierenden Strategien überzeugt hat.

Die hier dargestellte Traumstabilisierungsmethode des konzentrierten Betrachtens und Reibens der Hände kombiniert Seh- und Tastsinn. Sie kann auch helfen, das Festhängen im Körper beim geträumten Wachliegen zu überwinden und weiterzukommen. Ein stärker auf den Tastsinn bezogenes Verfahren empfiehlt sich, wenn man sich in der dunklen Void befindet, einer undurchdringlichen Finsternis, die in luziden Träumen des öfteren erlebt wird.

Im Fall des falschen Wachliegens bzw. Erwachens hat sich die Strategie, die Augen beim Einstieg konsequent geschlossen zu halten und haptisch zu stabilisieren, bestens bewährt. Ihre Anwendung ermöglicht dann auch, den Sehsinn zurückzugewinnen und in eine Traumumgebung überzugehen. Um den Traum haptisch zu stabilisieren, kann eine Wand berührt oder irgend etwas ganz fest mit einer oder beiden Händen erfaßt werden. Reibt man energisch und druckvoll die Handflächen aneinander und wünscht sich dabei, sehen zu können, hilft dies, in der Dunkelheit eine sichtbare Traumszenerie entstehen und sich stabilisieren zu lassen. Gleichermaßen kann durch diese Maßnahme der Traumkörper selbst materialisiert und verfestigt werden.

Und zu guter Letzt: Sich für jeden neuerlichen Wachtraumzustand klar zu verdeutlichen, was man genau unternehmen will, sobald man ihn erreicht hat, ist ein einfacher, aber sehr nützlicher Hinweis, um einen Traum zu stabilisieren. So läßt sich verhindern, im Traum „abzudriften". Dabei sollte man sich keinesfalls zu viel vornehmen, um nicht den Überblick zu verlieren und sich zu verzetteln.

# 15. Das Wichtigste im Überblick

Der Einstieg in einen luziden Traum kann sich über vier Wege vollziehen. Es kann passieren, daß ich innerhalb eines gewöhnlichen Traums an irgendwelchen Merkwürdigkeiten oder manchmal auch ohne erkennbaren Grund bemerke, daß ich gerade träume.

In diesem Fall empfiehlt es sich, den Zustand mit Hilfe des Zeigefingertests noch einmal zu überprüfen (a) und anschließend eine gründliche Zustandsstabilisierung durch Händereiben und festes Aneinanderdrücken der Handflächen (b) durchzuführen, um die Wahrnehmungen zu intensivieren. Dann werden sowohl Traumszenerie und Traumkörper in der Regel ausreichend stabil sein, um einen längeren Klartraum erleben zu können.

Dasselbe gilt, wenn es gelingt, über eine hypnagoge Bildwahrnehmung in eine Traumszenerie einzusteigen. Auch hier sollte man sich die Zeit nehmen, die Punkte (a) und (b) durchzuführen.

Das geträumte Wachliegen und das falsche Erwachen können manchmal den einen oder anderen Zusatzschritt verlangen. Im ersten Fall glaube ich zunächst, gar nicht eingeschlafen zu sein und nach wie vor wach im Bett zu liegen. Im zweiten meine ich, soeben erwacht zu sein. An bestimmten Eigentümlichkeiten oder durch einen Realitätstest stelle ich dann aber fest, doch schon bzw. noch zu träumen!

Am besten ist es dann, den Zustand durch einen weiteren Realitätstest nochmals abzusichern (a). Häufig kann ich dann einfach, wie beim normalen Aufstehen auch, aus dem geträumten Bett aufstehen, die haptische Traumstabilisierung (b) durchführen und zu einer Traumexkursion aufbrechen.

In manchen Fällen können sich hier allerdings, wahrscheinlich durch Schwierigkeiten mit der Traumstabilisierung bedingt, seltsame Probleme einstellen: der Traumkörper scheint gelähmt oder irgendwie an der Matratze festgeklebt zu sein, so daß es gar nicht oder nur mit allergrößter Kraftanstrengung möglich erscheint, aufzustehen. Oftmals ist in diesem Zustand auch das Sehvermögen gestört oder nicht vorhanden.

In diesem Fall empfiehlt sich der Versuch, den Traumkörper mithilfe des „Roll-Tricks" von Robert Monroe aus seiner mißlichen Lage zu befreien. Dazu schließe man die Augen (a) und probiere nun ohne Hast, sich um 180 Grad, z. B. aus der Rücken- in die Bauchlage, zu rollen (b). Eigentümlicherweise stellt dieses Seitwärtsrollen bei geschlossenen Augen selbst bei starker Behinderung der sonstigen Beweglichkeit meist kein großes Problem dar! Der Rollvorgang kann zwei- bis dreimal wiederholt werden, bis man das Gefühl hat, freigekommen zu sein und aus dem geträumten Bett aufstehen zu können. Während des gesamten Vorgangs sollten die Augen geschlossen bleiben, um das Problem der Selbstbilokation zu vermeiden.

Nach dem Aufstehen überprüfe man den Zustand mithilfe des Zeigefingertests (a) und schließe die Zustandsstabilisierung durch Händereiben und festes Aneinanderdrücken der Handflächen (b) an, wodurch sich auch, sofern nicht vorhanden, die Sehfähigkeit einstellt. Gelingt das Aufstehen aus dem Bett nicht, sollte sogleich (b) angewandt werden.

Hier noch ein paar abschließende Hinweise: Als Fortbewegungsweise ist im Klartraum meist ganz normales Gehen zu empfehlen. Öffnen Sie Türen an der Klinke, das Durchfliegen von Fenstern und geschlossenen Türen bringt oft ungewollte Szenenwechsel oder den Zusammenbruch jeder ausdifferenzierten Wahrnehmung; bisweilen kommt es dadurch auch zu einem vorzeitigen Traumende. Folgen Sie unablässig einem Weg. Dieses konsequente und zielstrebige Voranschreiten führt den Traum von einem zum anderen fort.

Querriegel oder Barrieren, die den Weg versperren, sind ab und an ein Problem im Klartraum. Die beste Methode, damit umzugehen, ist die Kehrtwende in die Gegenrichtung; sich länger an der Barriere aufzuhalten, hat oftmals das Traumende zufolge.

# Teil II:

# WAS JETZT NOCH FEHLT

Sie haben nun gelernt, mithilfe der Fernblick-Methode in den Klartraum einzusteigen, und sind in der Lage, falsches Wachliegen bzw. Erwachen als solches zu erkennen, eine erkannte Traumsituation mit Hilfe eines Realitätstests objektiv zu überprüfen, nötigenfalls, z. B. im falschen Aufwachen, durch den Roll-Trick in eine Exkursion überzugehen, den Traumzustand zu stabilisieren und Sehfähigkeit zu erlangen. Grundsätzlich sind Sie nach diesen Schritten wohl vorbereitet, einen Klartraum nach Ihren Wünschen zu gestalten und zu erleben.

Doch hier der klitzekleine Wermutstropfen: Leider, leider ist das Ganze dann doch nicht ganz so leicht! Tipps, Tricks, Übung und Erfahrung sind nötig, um das Erlebnis voll ausschöpfen zu können!

Im folgenden Teil II sind die Erscheinungen und Möglichkeiten näher zu beleuchten, die sich in der Traumwelt bieten. Vermittelt werden Grundwissen, Tricks und Tips über das Fliegen, die willentliche Materialisation von Objekten, die Umformung von Materie (Ideoplastie) bis hin zu schwierigen und übungsintensiveren Möglichkeiten wie der Tierverwandlung. Damit werden die Grundlagen gelegt, die es überhaupt erst ermöglichen, die eigene Traumwelt zu erkunden und zu kontrollieren.[7]

---

7 Hinsichtlich der Fachausdrücke zur Benennung der Phänomene in der Traumwelt folge ich weitgehend der Nomenklatur, die einer der Pioniere im OBE-Bereich im World Wide Web, Alfred Ballabene, in seinen Online-Publikationen verwendet; vgl. insbesondere *„Astralreisen, Jenseitswelten von Alfred Ballabene"*; Teil 4, 5, 7 und 8 unter http://www.paranormal.de/para/ballabene/obe/unobeind.htm

# 16. Die Traumwelt

Innerhalb der Traumwelt unterscheide ich zwischen zwei Erscheinungsformen der Umgebung, die gleitend ineinander übergehen, aber – je nachdem, welche der beiden Formen dominanter erscheint – auf die Qualität des Erlebnisses wesentlichen Einfluß haben. Die eine ist die inkonsistente, fließende Umgebung, die andere das tendenziell eher konsistente Umfeld.

Da es in der Traum- oder Astralwelt keine Geräusche gibt – es sei denn, sie werden durch eigene Vorstellungen hervorgerufen –, herrscht in beiden astralen Umfeldern zumeist tiefer Friede und Stille. Weil sie sich nicht durch Annäherungsgeräusche ankündigen, werden Begegnungen mit Personen oder fremden Wesen häufig als überraschend erlebt. Dafür kann die Gegenwart von Personen oder Dingen oft einfach intuitiv erspürt werden, und der Austausch mit Personen findet mitunter per Gedankenübertragung völlig mühelos und so selbstverständlich statt, daß man sich dessen häufig gar nicht bewußt wird.

Erfolgt der Einstieg über falsches Erwachen, findet man sich im eigenen Schlafzimmer, mitunter auch im Schlafraum der elterlichen Wohnung wieder, den man in seiner Kindheits- und Jugendzeit bewohnt hatte. Der Schlafraum selbst macht in der Regel einen realistischen Eindruck, der Rest der Wohnung oder des Hauses oftmals auch, wenngleich sich hier bisweilen bereits auffällige Abweichungen in den Einzelheiten bezüglich der Einrichtung oder der Raumeinteilung feststellen lassen. Die Umgebung scheint eine mitunter etwas ungenaue Kopie der physischen Gegebenheiten zu sein.

Verläßt man das persönliche Umfeld, gerät die umgebende Szenerie – meistens nach Passieren von Sichtbarrieren wie Straßenbiegungen, Türen u. ä. – in Fluß. Ist die Stabilität schwach ausgeprägt, treten zufällige Veränderungen von einem Blick auf den nächsten ein, so daß der luzide Traum sich in assoziativen Ketten von einem zum nächsten weiterentwickelt. Eigenkreationen der Psyche, Objektpsychogone, treten auf, also selbstgeschaffene Objekte, die sich auflösen, sobald man sie nicht mehr beachtet. Ursprünglich gefaßte Pläne oder Ziele erweisen sich in einer solch fließenden Umgebung oft als nicht umsetzbar, weil die verwirrenden Veränderungen der Rahmenbedingungen dies nicht mehr erlauben.

04.10.2013

*Diese Nacht versuche ich, im Klartraumzustand die Umfelderkundung des Hauses und der Umgebung fortzusetzen, die ich ein paar Tage zuvor begonnen hatte.*

*Nach der Traumstabilisierung gehe ich ins Erdgeschoß, durchquere die Diele und öffne die Haustür ganz normal an der Türklinke. Diesmal achte ich nämlich darauf, „unnatürliche" Operationen wie Fliegen oder das Durchdringen geschlossener Türen und Fenster zu vermeiden, da ich den Eindruck gewonnen habe, daß diese Praxis häufig auf ein schnelles Traumende hinausläuft.*

*Ohne mich lange aufzuhalten, gehe ich links am Haus auf der gegenüberliegenden Straßenseite vorbei. Ich will das Neubaugebiet durchqueren und die Wirtschafts- und Wanderwege westlich davon aufsuchen. Dummerweise merke ich schnell, daß das Umfeld in diesem Traum starke Abweichungen gegenüber den realen Verhältnissen im Baugebiet aufweist. Es gibt mehr Grünzeug und Gestrüpp an den Wegrändern. Es ist eher so, als bewegte ich mich in einem älteren Dorf.*

*Nach einem knappen Drittel des Weges schneidet mir schließlich so etwas wie eine große graue Kunststoffplane den Weg ab. Es wirkt, als sei sie lose über einen Zaun geworfen, der als unüberwindliche Barriere im Raum steht. Als ich auf das Hindernis zutrete, merke ich, daß meine Füße in die auf dem Boden aufliegende Plane einsinken, als bestünde diese aus einem ätherischen Material. Kurzentschlossen drücke ich mein Gesicht hinein, um zu sehen, was dahinter ist. Doch da ist nur Schwärze. Sicher hätte ich über den Zaun hinwegfliegen können, komme aber gar nicht auf den Gedanken, da ich mir ja vorgenommen hatte, die Flugübungen diesmal sein zu lassen. So mache ich kehrt nach links und laufe zurück.*

*Wiederum hat sich die Gegend sehr verändert. Der Rückweg führt mich über einen schmalen Streifen aus Waschbetonplatten an einer grün-orange gestreiften Zeltplane (wie von einem großen Campingzelt) vorbei. Rechts fällt eine begrünte Böschung ab, als befände sich dort ein Rinnsal, ein kleiner Bach. Mein Plan ist jetzt, zum Haus zurückzugehen und von dort aus einen zweiten Weg zu benutzen, um mein ursprüngliches Ziel vielleicht doch noch über die Nordseite des Wohngebiets zu erreichen. Kurz nachdem ich diese Richtung eingeschlagen habe, endet der Traum. Es ist 1:49 Uhr.*

Die Umgebungen in einer solchen stark fließenden Traumwelt können durchaus sonnenhell und schön sein, sind aber durch die ausgeprägte Veränderlichkeit szenisch äußerst inkohärent. Überblendungsversuche in eine andere Szenerie führen in diesem Traumzustand zum Zusammenbruch der Sehfähigkeit und in die dunkle Void oder in detailarme langweilige Umgebungen. Mitunter gelangt man in schmutzigbraune Ebenen von düsterer Stimmung.

Wird man direkt innerhalb eines bereits voll ausgeprägten Traums luzid, ist das Problem des Flusses meist etwas weniger ausgeprägt. Das einzige Mittel, dagegen anzugehen, besteht darin, gleich zu Beginn der astralen Wanderung die Traumstabilisierung gründlich zu verbessern und die geistige Klarheit zu erhöhen. Durch Traumstabilisierung und Konzentration gelangt man in Welten, die sich nicht nur durch Stabilität, sondern auch durch ihre bemerkenswerte Eigenständigkeit von der persönlichen, oft durch Erinnerungen aus der Kindheit und Jugend überformten Traumwelt fundamental unterscheiden.

Es gibt nördliche (winterlich, bedeckt, nebelig) und südliche Gefilde (sommerlich, hell, warm), aber auch absolut fremdartige, bizarre, exotische oder abstrakte Umgebungen zu entdecken. Dummerweise enden luzide Träume oder Astralwanderungen oftmals gerade dann, wenn es am interessantesten oder spannendsten wird, womöglich, weil die damit verbundene Aufregung zum Aufwachen führt. Oder man schwelgt so stark in dem wunderbaren Erlebnis, daß man in die Bewußtlosigkeit oder ins gewöhnliche Träumen abdriftet.

20.04.2013

*Ohne besondere Anstrengungen gelangen heute viele Flugübungen u. a. in einer großen Halle. Und nachdem ich in einem detailreich wahrnehmbaren Zimmer klar geworden war, passierte ich nach links ein hoch aufragendes Fenster und fand mich in einer bunten, aber völlig unscharf-verwaschenen Szenerie wieder, die jedoch sofort glasklar wurde, als ich mich darauf konzentrierte. Es war eine Strandszenerie (ähnlich dem Hotelstrand vor ein paar Jahren im Tunesienurlaub), und die untergehende Sonne über dem Meer tauchte alles in ein stimmungsvolles Licht. Ich ging und schwebte einfach ein wenig und nahm die herrliche Abendstimmung in mich auf, ohne etwas Besonderes im Sinn zu haben. Überhaupt gab es heute nacht viele kleine Klarheitsmomente, an die ich mich aufgrund ihrer Kürze im einzelnen gar nicht mehr recht erinnern kann.*

Die durch die beschriebenen Maßnahmen erzielbaren konsistenten, stabilen und damit besser kontrollierbaren Traumwelten sind selbstredend weit interessanter zu erkunden. Ein Experiment, das auf die Erkundung des Umfelds abzielte und dem Erkundungsgang vom 04.10.13 ähnelt, wurde einige Tage zuvor am 28.09.2013 durchgeführt. Es zeigt eine nur um einen kleinen Tick erhöhte Kontrolle, was bereits ausreichte, um die Eigenkreationen oder Objektpsychogone weniger dominant wirken zu lassen; sie übernahmen nicht die „Regie" über das Traumerleben.

*In einem falschen Erwachen gelingt heute morgen über den Rolltrick ein sehr guter und stabiler luzider Traum. Nach dem Realitätstest lasse ich die Augen geschlossen, stehe aus dem Bett auf und stabilisiere mich durch Händereiben und festes Aneinanderdrücken der Handflächen. Zuerst erscheinen meine zusammengelegten Hände als gräulich-durchsichtige Schattenzeichnungen, wobei im Hintergrund das halbdunkle Schlafzimmer ebenfalls wahrnehmbar wird. Schließlich ist die Sicht ins Zimmer zufriedenstellend, und ich fliege los, raus aus dem Schlafzimmer, die Treppe runter. Kurz teste ich, ob mir die Treppenstufen Widerstand leisten oder ob ich nach unten hindurchtauchen kann. Sie scheinen aber relativ fest zu sein. Daher halte ich mich damit nicht weiter auf und nehme den Rest der Wendeltreppe im Flug. Unten durchfliege ich das Wohnzimmer zielstrebig in Richtung Verandatür.*

*Links neben der Veranda befindet sich eine beeindruckende dunkelgrüne Säulen-Zypresse, die es dort in der physischen Wirklichkeit derzeit allerdings nicht gibt. Auch der Baum im Garten scheint höher aufgeschossen, dichter und ausladender verzweigt zu sein, als er es derzeit ist. Gegen den Uhrzeigersinn drehe ich eine Runde durch diesen Garten, und als ich mich zum Haus zurückwende, machen Garten und Hausfassade wieder einen normalen, völlig realitätsgetreuen Eindruck.*

*Ich begebe mich ins Haus zurück und fliege durch das Eßzimmer hinüber zum Küchenfenster. Zuerst will ich durch die Wand darüber hindurchtauchen, muß aber daran denken, daß solche Experimente häufig zu ungewollten Ebenenwechseln führen. Allerdings will ich lieber in der Umgebung des Hauses bleiben und diese näher erkunden. Daher ziehe ich meine Hände, die schon in die weiße Rauhfasertapete am Fenstersturz eingetaucht sind, wieder heraus, und sinke hinunter zum Fenster. Das Glas ist ein wenig beschlagen, doch kann man dahinter die grünen Züge der Haardt und den Himmel noch erkennen.*

*Ich tauche mit dem Oberkörper durch das Glas, doch hinter der Scheibe ist es ganz anders als erwartet. Das Durchtauchen der Scheibe bewirkt tatsächlich einen Dimensionenwechsel. Und das wenige, was ich dort sehe, zieht mich nicht an. Unter mir ist schmutzigbraune, unbelebte Erde; alles ist von dunkelgrauer, undefinierbarer Schwere. So ziehe ich mich durch die Scheibe wieder zurück und fliege, unschlüssig, wie ich nun weiter vorgehen soll, ins Eßzimmer. Das Fliegen in Schwimmbewegungen wird mir zudem ein bißchen anstrengend. Daher lasse ich mich einfach in der Luft gleiten, drehe mich dabei in die Rückenlage, in der dann sogleich die Überblendung ins dunkle Schlafzimmer und ins Bett erfolgt. Übungsbeginn 5:30 Uhr; Erwachen erfolgt um 6:12 Uhr.*

Will man indes nach einem gelungenen Austritt im falschen Wachliegen das persönliche Umfeld verlassen, führe man zunächst eine gute Traumstabilisierung durch, schließe dann die Augen, fixiere sich auf den Punkt zwischen den Augen und denke daran, Weite, Unendlichkeit und Schönheit zu erreichen. Darauf konzentriere man sich solange, bis sich die Sehfähigkeit ganz von selbst und ohne das erneute Öffnen der Augen wiedereinstellt. Dadurch ergibt sich die Überblendung, der Ebenenwechsel von der individuellen Traumumgebung in eine völlig andere Welt: die „Anderswelt". Bildchen und Tunnelwahrnehmungen können die Überblendung begleiten.

Die später noch zu erläuternden Phänomene der dunklen und hellen Void haben in diesem Zusammenhang ihren Platz. Die dunkle Void kann ein Übergangserlebnis beim Wechseln sein; die helle Void ein erstrebenswertes Ziel.

# 17. Der Verstand im Traumzustand

Während einer OBE kann der Ausprägungsgrad der Bewußtheit sehr verschieden ausfallen, die Abstufungen sind nicht scharf voneinander abgegrenzt und reichen von vollbewußt über halbluzid bis hin zu prä-luzid, der Vorstufe zur Traumbewußtheit. Innerhalb dieser Abstufungen gibt es weitere feine Differenzierungen. Ähnlich gestuft zeigt sich in den einzelnen Bewußtheitsgraden die Funktionsfähigkeit des menschlichen Verstandes. Die Fähigkeit, eigenständig und folgerichtig zu denken, schwankt von gering bis zu einem Niveau, auf dem der Verstand wie im vollen Wachzustand zu funktionieren scheint. In einer OBE mit ausgeprägter Bewußtheit gewinnt man daher den Eindruck, geistig absolut da zu sein. Es herrscht das Gefühl vor, der Verstand und die logischen Fähigkeiten arbeiteten völlig normal und taghell oder sogar besser als im Wachzustand.

Doch Vorsicht! Ich mußte feststellen, daß hier Wahrnehmung und Wirklichkeit meilenweit auseinanderklaffen können! Entgegen meiner sonstigen Selbstwahrnehmung mußte ich akzeptieren, daß vor allem meine mathematisch-logischen Fähigkeiten sehr starken Beschränkungen unterliegen. In einer meiner frühen OBEs war ich z. B. damit beschäftigt, ein Skatblatt zu sortieren, um die Vollständigkeit der Kartenblätter zu überprüfen. Diese einfache Aufgabe, die auch kleinere Kinder schon problemlos lösen können, bereitete mir in diesem Traum gewaltige Schwierigkeiten. Ich mußte bei jeder einzelnen Karte erst einmal genau überlegen, auf welchen Stapel ich sie nun legen soll. Ich war total überrascht, welche Herausforderung diese schlichte Problemstellung für mich darstellte.

Diese Faktenlage hat meines Erachtens weitreichende Konsequenzen. So sitze ich durch die beinahe unmerklich veränderten Verstandesfunktionen im Traum noch viel leichter als im Wachzustand klassischen Beobachtungs- und Wahrnehmungsfehlern auf, weshalb bei der Auswertung von OBEs stets äußerst kritisch und reflektiert mit den eigenen Beobachtungen und deren Deutung umzugehen ist. Man sollte hier wirklich Vorsicht walten lassen, um nicht der Gefahr der Selbsttäuschung zu erliegen!

Beispielsweise erlebe ich im OBE-Zustand gelegentlich das elektrisierende Gefühl, die tiefe Ahnung, soeben eine wahre Erkenntnis erhalten zu haben. Will ich danach den Inhalt rekonstruieren, weiß ich oft nicht mehr, worin das Großartige meiner Erkenntnis eigentlich bestanden haben soll. Das Wesentliche wurde vergessen oder erschließt sich mir im nachhinein einfach nicht mehr.

Sehe ich mir in der Nachschau die erlebten Situationen genauer an und analysiere sie, bin ich mir meiner klaren Urteilsfähigkeit oftmals nicht mehr so sicher, und ich fühle mich an eine Geschichte erinnert, die ich in einem meiner alten Biologiebücher gelesen habe. Sie erzählt von einem Betrunkenen, der felsenfest überzeugt ist, im Alkoholrausch eine bedeutende intellektuelle Leistung erbracht und eine weltbewegende Erkenntnis gewonnen zu haben. Fahrig vor Eifer notiert er sie auf einen Zettel, um sie ja nicht zu vergessen! Wieder nüchtern liest er die erhellende Niederschrift. In krakelig ausgleitenden Buchstaben steht dort eine Anfrage an die Existenz von Bananen: *„Warum sind die Bananen?"*

# 18. Ein eigenes Gebiet: Sex im Traum

Sexuelle Begegnungen im Traumzustand können eindrucksvolle Erfahrungen sein, weil gewisse physische Hemmnisse
und Begrenzungen wegfallen und das Körpergefühl weit intensiver sein kann, als das im „Normalzustand" der Fall ist. Dummerweise neigen sexuelle Aktivitäten jedoch zu einer schwer
zu kontrollierenden Eigendynamik. Selbstbestimmung und
Bewußtheit scheinen schlicht und ergreifend in den Fluten
der Wünsche, Phantasien und Triebe unterzugehen und weg-
gespült zu werden.

Bislang kann ich mich an keinen einzigen Fall erinnern, in
dem die Ereignisse sich entsprechend der Vorstellung entwik-
kelt hätten, die ich mir zuvor gemacht hatte. Immer artete das
Erlebnis irgendwann zu etwas völlig Unerwartetem, Fremdar-
tigen und Unverständlichen aus. Es gab keine Ausnahme von
dieser Regel!

So hatte ich einmal eine Begegnung mit einer wunderschönen jungen Frau, die mich in ihrer Wohnung ins Badezimmer lockte, wo sie sich vor meinen Augen entkleidete. Dabei
wuchsen ihr Rumpf und ihre Gliedmaßen langsam der Länge
nach an, so daß der Frauenkörper das alsbald winzig wirkende
Badezimmer fast komplett ausfüllte. Der schlanke, dennoch

muskulöse Körper krümmte sich in dem hellblau gekachelten Räumchen zusammen wie der einer sprungbereiten Gazelle. Und als ich mich der Frau weiter näherte, schienen sich ihre Gliedmaßen und ihr Hals nochmals zu verlängern, so daß Hände, Füße und das Gesicht der Frau vollständig aus meinem Blickfeld verschwanden; von der Frau war nurmehr ein gewaltiger Torso zu sehen, mit dem ich mich vereinigte. All das verwirrte mich so sehr, daß ich die Bewußtheit verlor und in einen gewöhnlichen Traum abglitt.

Daß der seltsame Charakter sexueller Begegnungen im OBE-Zustand noch erheblich steigerungsfähig ist, zeigen entsprechende Berichte, wie sie bei Robert A. Monroe, Robert Peterson und anderen zu finden sind. Sie schildern, wie sich das sexuelle Erleben von etwas Physisch-Körperlichem in etwas vollkommen anderes, nicht minder Fremdartiges und Ungewohntes auflösen kann! Vereinigungen geraten zu lichtdurchfluteten „Verschmelzungen", zum vollständigen Einswerden miteinander, was mit dem Sex, wie wir ihn auf der physischen Ebene kennen, nicht mehr viel gemein hat, aber als unglaubliches und unvergleichliches Geschehen erinnert wird.

Die mir verfügbaren Berichte lassen vermuten, daß es sich um Überblendungen in den Zustand der hellen Void handelt, in dem die beschriebenen Phänomene (Energie- und Lichtentladungen, Verschmelzungsgefühle verbunden mit euphorischen Stimmungen) typischerweise vorkommen. Weiteres dazu im folgenden Kapitel!

# 19. Die Voids:
## Von der Finsternis ins Licht

Der Begriff Void (Leere) beschreibt einen Zustand, in dem man sich in einem dunklen Nichts zu befinden meint. Oft findet man sich dort wieder, wenn man im „falschen Wachliegen" oder „geträumten Erwachen" bewußt geworden ist und sich nun zu einer Exkursion aufmachen will. Bisweilen destabilisiert sich auch eine Traumszenerie und löst sich in eine undefinierbare, leere Dunkelheit auf, wobei sich bei mir gelegentlich das „Wissen" einstellt, es handle sich um das Innere meines nächtlichen, nun stockfinsteren Schlafzimmers. Jedenfalls habe ich zumeist den Eindruck, in einem dunklen Raum zu schweben. Gelegentlich nimmt die dunkle Leere auch so etwas wie Dichte an; dabei entsteht das Gefühl, als steckte ich tief in einer schwarzen, trägen Masse, die mich siruppartig umwabert und meine Bewegungen bremst, weil ich gegen einen Widerstand ankämpfen muß, um vorwärtszukommen.

Die dunkle Void erlebe ich als einen friedlichen, angstfreien und angenehmen Ort. Allerdings gibt es dort eben nichts zu sehen, nichts zu tun, nichts zu erkunden. Immer mal wieder bildet die dunkle Void die Endstation in einem luziden Traum; ich bleibe dort „hängen", komme trotz mancher Bemühungen nicht von dort weg. Längere Aufenthalte in diesem dunklen

Raum erholsamer Ruhe, voll Stille und Frieden, stellen vermutlich auch im gewöhnlichen, unluziden Traum kein seltenes Erlebnis dar. Möglicherweise ist es die Art von Traum, der nach dem Erwachen bei vielen Träumern zu dem Eindruck führt, in dieser Nacht gar nichts geträumt zu haben.

24.05.2013

*Da es bis zum Weckerklingeln nicht mehr lang hin ist, trainiere ich heute morgen nur ein bißchen die optische Konzentration und die Wahrnehmung der hypnagogen Bilder. Auch denke ich daran, in der Hypnagogie den Schwebeimpuls zu üben, ohne indes zu erwarten, daß ich tatsächlich eine Ablösung hinbekommen könnte. Schließlich finde ich mich in einer Traumszenerie wieder, die von einer spätnachmittäglichen Stimmung beherrscht ist: Die Sonne steht tief und taucht die ländliche Umgebung in goldenes Licht.*

*Ich bin mit dem Auto nach Hause unterwegs und möchte an einer Einmündung nach links auf eine Landstraße auffahren. Vor mir biegt eine große landwirtschaftliche Maschine in der Art eines Vollernters ab. Am Steuer sitzt ein junger Mann mit einer hohen zylinderhutartigen Kopfbedeckung aus dunklem Filz. Als der Vollernter vor mir eingebogen ist, will ich endlich weiterfahren, bemerke aber, daß links neben mir ein Bauer mit seinem Traktor auf der Höhe der Verkehrsinsel stehengeblieben ist und mir mit seiner Maschine den Einblick in die Straße versperrt. Obwohl ich ja nur seinetwegen nichts sehen kann und zudem eine ganze Menge vorfahrtberechtigter Autos auf der Landstraße unterwegs sind, fängt der Bauer an, mit mir herumzumosern, ich solle jetzt endlich weiterfahren, weil er hier wenden wolle.*

*Vorsichtig taste ich mich mit dem Auto heraus, was die Wut des engstirnigen Traktorfahrers noch mehr steigert. Fast fürchte ich, er legt gleich den Rückwärtsgang ein und rammt mir in die Seite meines Wagens. Ich komme zwar ungeschoren und ohne einen Unfall zu bauen davon, ärgere mich aber dennoch über dieses Verhalten.*

*Beim Weiterfahren auf der Landstraße ist mein Auto plötzlich verschwunden, und ich laufe – gedanklich noch immer mit dem rüpelhaften Bauern befaßt – auf einem baumgesäumten Weg rechts neben der Straße entlang. Alsbald beginne ich mich jedoch zu wundern, daß mein Auto plötzlich weg ist, schaue suchend hinter mich und sehe weiter hinten eine Reihe roter Autos, die zwischen den Bäumen geparkt sind. Ich fange jedoch gar nicht erst an, nach meinem Wagen zu suchen, da ich in diesem Moment bemerke, daß ich träume. Statt dessen beschließe ich, nach Hause zu fliegen, wo ich dann wohl sicher auch mein Auto wiederfinden werde.*

*Im Brustschwimmstil steige ich über einer dunklen Unterführung vor mir ins Blaue auf und fliege in eine Dunkelheit hinein. Nun spüre ich einen Zug nach hinten, als wäre ich an diesen Ort angebunden. Da das Ankämpfen gegen geträumte Fesseln und Hindernisse meist schnell zum Erwachen führt, lasse ich das sein. Bereitwillig lasse ich mich auf die Situation ein und sinke ab in eine weit tiefere Dunkelheit, in der gedeckte Farben herumwirbeln, die an das Farbenspiel des Eigenrauschens bei geschlossenen Augen erinnern. In dieser Dunkelheit versuche ich, durch das Rotieren um meine eigene Achse in eine andere Szenerie zu gelangen. Doch der Teleportationsversuch zeigt keine Wirkung; ich bleibe in der dunklen Void. Nach dem zweiten oder dritten*

*Versuch öffne ich schließlich die Augen und blicke von meinem Kissen aus nach rechts in mein Schlafzimmer hinein und bin schlagartig völlig wach. Es ist 6:23 Uhr.*

Inzwischen passiert es mir nicht mehr so häufig, daß ich für längere Zeit, womöglich sogar bis zum Ende meines luziden Traums, in der dunklen Void gefangen bleibe. Ich weiß jetzt, was zu tun ist. Es war wiederum ein Lernprozeß vonnöten, bis ich das Wissen zusammengetragen hatte, das mir einen etwas geschickteren Umgang mit der Dunkelheit erlaubt.

Ich lernte, daß das beste Mittel, der dunklen Void zu entrinnen, die sofortige Anwendung einer haptischen Traumstabilisierungsstrategie ist: Ich lege die Hände fest aneinander, reibe sie heftig, bis sich meine Sehfähigkeit zumindest ansatzweise wieder einstellt, bringe nun die Füße auf den Boden (ist keiner da, erscheint er zumeist, sobald ich ihn benötige) und gehe davon. Sehstörungen bleiben in der neuen Umgebung womöglich noch eine Weile bestehen, schwinden aber, sobald ich die Aufmerksamkeit einer neuen Beschäftigung oder Erkundungsaufgabe zuwende. Bald darauf stelle ich überrascht fest, daß ich normal sehen kann und mich wieder in einer völlig stabilen Traumlandschaft aufhalte.

Löst sich eine geträumte Umgebung vollständig in Licht, intensive Wärme und Strahlung auf, gelangt man in die helle Void, eine besondere Form der Leere, die ganz erheblich seltener, von manchen Klarträumern sogar überhaupt nicht erreicht wird. In einem unendlichen Raum der Glückseligkeit, können – in einem mitunter grenzenlos euphorischen oder zutiefst friedvollen Zustand – unvorstellbar intensive Farben und geometrisch anmutende Formen wahrgenommen werden. Ich war einmal kurz davor, voll und ganz in diesem Erleben aufzugehen:

*Ich flog senkrecht aufwärts, wobei das Fliegen im Schwimmmodus alsbald ganz von selbst in das Gefühl überging, in einem engen Schacht eine Leiter hinaufzusteigen. Anbei steigerte sich das gräuliche Leuchten ins Grellweiße, und eine gewaltige Hitze wurde fühlbar, die von der Strahlung ausging. Ich spürte, daß ich über mir eine Art Luke erreicht hatte. Als ich diese passierte bzw. versuchte, sie zu passieren, tauchte ich auf dem Rücken liegend, den Blick zur leicht geöffneten Schlafzimmertür gerichtet, in meinem Bett auf.*

Sehr genau erinnere ich mich zudem, daß ich erwartete, jenseits der Luke auf der Oberfläche einer fremden Welt, vielleicht auf der wüstenhaften Oberfläche eines fernen Planeten aufzutauchen, der nah um einen grellweiß strahlenden F-Stern kreist. Daß ich diesem erstaunlichen Zustand zumindest nahekam, hatte etwas mit meinen Experimenten zur Teleportation zu tun. Daher wird die OBE in diesem Zusammenhang noch einmal aufzugreifen sein.

## 20. Mein Traumebenen-Modell

Alle bislang gegebenen Informationen über die Traumwelt, das Wesen luzider Träume und OBEs habe ich zur besseren Orientierung in ein Modell von vier verschiedenen Erlebnis- oder Traumebenen eingeordnet, die im Wesentlichen mit der Schlaftiefe korrelieren und leicht ineinanderübergehen können. Ich habe dieses Modell für mich entwickelt, weil es mir einen guten Überblick darüber verschafft, in welcher Situation ich mich augenblicklich befinde. Dies erhöht die Klarheit und Bewußtheit ungemein.

**Traumebene 1: Hypnagoge Bilder**
Auf die Tatsache, daß der aufmerksame Beobachter des Einschlafvorgangs – vor allem gegen Morgen, wenn der Schlafzyklus schon weitgehend abgeschlossen ist – ausgeprägte „Einschlafbilder" beobachten kann, wurde bereits hingewiesen. In einer wechselhaften Abfolge können hier Gesichter und mehr oder minder seltsame Szenen bemerkt werden. Gelegentlich haben die hypnagogen Bilder abstoßende Inhalte. Oft weisen die Gesichter der auftauchenden Gestalten Entstellungen auf und wirken in ihrer Mimik puppenhaft-teilnahmslos und geistlos. Ihr leerer Blick kann bisweilen einen dämonisch-

136

bösen Ausdruck haben, was den Wesenheiten einen äußerst unheimlichen Charakter verleiht (siehe Kapitel „Hypnagoge Schrecken").

Möglicherweise entstehen diese Entstellungen, weil sich im hypnagogen Zustand zufällige Vorstellungsassoziationen, die eben nicht miteinander harmonieren, zu einem entsprechend befremdlichen und unharmonischen Gesamteindruck verdichten. Auch kann sich das Gesichtsfeld des Beobachters im hypnagogen Zustand urplötzlich in verschiedenster Weise „aufteilen", hypnagoge Bilder können dann z. B. wie ein heller Bilderschleier ins Gesichtsfeld „hineinrauschen". Mitunter können hunderte kleine Sehfenster vor Augen treten – wie in einem Flickenteppich angeordnet –, in denen jeweils eine andere Szene zu beobachten ist.

## Traumebene 2: Hypnagoger Klartraum

Hier empfindet sich der Träumer nicht als außenstehender Betrachter der Bilder, sondern als Akteur in der gegebenen Szene. Das für die hypnagogen Bilder typische „Traumpersonal" ist auch hier häufiger anzutreffen. Die oftmals häßlich-entstellten Traumgestalten zeigen einen leeren und unintelligenten Blick. Der Versuch einer Kontaktaufnahme mit diesen Gestalten führt nur selten zu einem Ergebnis. Und wenn, beschränken sich die Antworten auf stumpfe, aussagelose Blicke oder Ein- oder Zweiwortsätze, die regelmäßig keinen Bezug zur gestellten Frage haben.

Obgleich die „Wesen" nur selten in offener Weise aggressiv sind, werden dennoch oft Bedrängungssituationen mit distanzlosen Verhaltensweisen wie unverhohlenem Begaffen, plötzlichem Berühren und Begrapschen aus der Menge heraus und von allen Seiten erlebt. Menschenähnliche Traumfiguren haben auf dieser Ebene gelegentlich die unangenehme Eigenart, Kontaktaufnahmen damit zu beantworten, daß sie vor den Augen im Zeitraffertempo altern, körperlich verfallen oder sich in zombie- oder leichenartige Gestalten verwandeln.

Durch Versuche, Kontakt mit den Traumgestalten aufzunehmen bzw. sie kämpfend abzuwehren, verwickelt man sich in eine Traumdynamik, die den Träumer überzufällig oft entweder in den gewöhnlichen, unluziden Traum überführt oder zum Aufwachen aus dem Traum bringt. Überhaupt ist die Begegnung mit hypnagogen Schreckgestalten im luziden Traum ein sicheres Zeichen dafür, daß man sich in einer sehr niedrigen Schlaftiefe befindet und kurz vor dem Erwachen bzw. „Hochschrecken" ist. Sollte man den Klartraumzustand beibehalten wollen, gilt es, sich nicht auf die Situation einzulassen, die Szenerie angstlos und konsequent zurückzuweisen und dabei zu versuchen, sich mittels Traumstabilisierungs- und Teleportationstechniken in eine andere Umgebung zu versetzen. Entweder man landet in derselben Szene, in der nun aber die hypnagoge „Geisterbahngestalt" fehlt. Oder es tritt der Zustand des „geträumten Wachliegens" im Bett ein. Ist die Stabilisierung gelungen, verliert sich die hypnagoge Schrecksituation, und die Gestalten tauchen nicht wieder auf, bzw. sie verlieren ihren Sinn und ihre Aufgabe und verwandeln sich infolge dessen in leere Hüllen, die zerfallen oder einfach verschwinden. In diesem Fall konnte der Vorgang des Aufwachens also gewissermaßen „überspielt" und abgebrochen werden.

## Traumebene 3: Nicht-REM-Traum

Träume dieser Ebene zeichnen sich durch realistisch und un-spektakulär anmutende Szenerien aus. Die Trauminhalte sind ruhig und ohne besondere Aufregung, meistens erlebt man sich als passiver Beobachter. Inhaltlich können die Träume so banal und alltäglich sein, daß sie kaum erinnert oder gar mit tatsächlichen Alltagserlebnissen verwechselt werden. Häufig wird vom heimischen Umfeld geträumt. Die Phänomene des „falschen Erwachens" oder „geträumten Wachliegens" bzw. der „außerkörperlichen Erfahrung" gehören hierher. Man träumt, im eigenen Bett erwacht zu sein oder im Schlafzimmer umherzuschweben u. ä. Dabei kann das persönliche Umfeld, die Heimatstadt, einen hochrealistischen Eindruck erwecken. Nicht selten wirken Räume aber palastartig vergrößert und spärlicher möbliert. Öffentliche Gebäude zeigen endlos ver-längerte Flure, die große, oft identische Zimmer wie in einer Art Spiegelwirklichkeit miteinander verbinden. Plätze unter freiem Himmel ähneln geräumigen Schloßparkanlagen, die entweder stark bevölkert oder weitgehend menschenleer er-scheinen.

## Traumebene 4: REM-Traum

Im voll ausgeprägten Traumzustand haben die erlebten Szene-rien oft keinen oder nur noch einen losen Zusammenhang mit aus dem Alltagsleben bekannten Umgebungen. Die Szenerie kann spektakulär bunt und unrealistisch wirken. Auf dieser Traumebene kann der Träumer die helle Void erreichen! Ge-lingt es, die umgebende Traumumgebung völlig aufzulösen, geht jeder gewohnte Bezugsrahmen verloren, und die Umgebung wandelt sich zu einem warmen Meer aus Licht, Farben, Formen und Klängen.

Das Gegenstück hierzu, die dunkle Void, ein unendlich leerer, stiller, dunkler und störungslos-friedlicher Raum, in dem man schwebt, kann dagegen auch in niedrigeren Traumebenen auftreten. Meistens bildet diese traumlose Dunkelheit das Übergangserlebnis beim bewußten Übertritt von einem Traumerlebnis zu einem anderen. Will man indes die helle Leere gezielt aufsuchen, so kann dies u. U. mit Hilfe eines Tricks geschehen, mit dem manche Klarträumer immer mal wieder Erfolg zu haben scheinen: Sie gehen im aktuellen Traumschlafzustand auf Ebene 3 noch einmal schlafen (!). Dazu legen sie sich z. B. auf ein geträumtes Sofa, schließen die Augen, entspannen sich und schlafen, in dem Wissen, zu träumen, im Schlafzustand selbst ein weiteres Mal ein und vollziehen auf diese Weise bewußt den Wechsel in die tiefere Ebene des Schlafes.

Grundsätzlich läßt sich sagen, daß auf den Ebenen 3 und 4 recht stabile und zeitlich langandauernde luzide Träume erlebt werden können. Die Ebene 2 erlaubt meistens nur kurze Besuche, da sie – mit der dunklen Void als Zwischenerlebnis – eine „Durchlaufstation" zum Erwachen oder ein Übergangserlebnis zu höheren Traumebenen darstellt.

# Trainingseinheit

# Schamanisches Reisen

Das schamanische Reisen, wie es u. a. von den Stammeszauberern sibirischer und nordamerikanischer Naturvölker ausgeübt wird, arbeitet mit der Vorstellungskraft, um eine traumähnliche andere Realität zu besuchen, die einen sonst nicht zugänglichen Teil der Wirklichkeit darstellt. Die Methode ist in den letzten Jahren sehr populär geworden und in der westlichen Welt in einer Reihe von Übungsbüchern nebst Trance-Trommel-CDs zugänglich gemacht worden.

Ich persönlich glaube nicht, daß diese Populärversionen viel mit den ursprünglichen religiösen Vorstellungen und Praktiken der Naturvölker gemein haben. Eine praktikable Möglichkeit, veränderte Bewußtseinszustände zu erreichen, stellen diese Populärformen schamanischer Reiseübungen aber auf jeden Fall dar. Daher habe ich mit diesen experimentiert, um zu erforschen, ob ich mit ihrer Hilfe neue Trainingsroutinen entdecken könnte.

Grundsätzlich nutzen schamanische Trance-Techniken die geistige Konzentration auf ein einförmiges Geräusch wie z. B. den einfachen Rhythmus einer gleichmäßig schnell geschlagenen Trommel, um die Aufmerksamkeit von der physischen Realität wegtragen zu lassen und auf diesem Weg in einen Trance-Zustand, einen hypnoseähnlichen Schlaf, zu gelangen. Zumeist werden die Rituale der schamanischen Reise in einem naturnahen Raum praktiziert. Und das Ziel der Reise ist ein innerer Kraftort, ein friedlicher Wald, eine einsame Höhle, die beim Eingleiten in die Trance imaginiert werden, bis der Reisende sich am Ende der Trance-Einleitung tatsächlich an diesem inneren Ort wiederfindet.

Von dort aus kann man sich auf den Weg machen, um durch einen Tunnel, ein Loch im Boden oder einen Eingang unterhalb einer Baumwurzel in die „Anderswelt" zu gelangen. Ziel kann es sein, dort das eigene Krafttier zu treffen, von dem Antworten zu persönlichen Fragen und Problemstellungen zu erhalten sind.

Bei meinen Versuchen mußte ich jedoch feststellen, daß ich mit Trommelgeräuschen keine Trance-Reise zu induzieren vermochte. Ich fand unter dem „Trommelfeuer" der Schläge nicht zur Ruhe; vielmehr störten sie mich und wühlten mich nur innerlich auf. Besser ging es mit einer frei ersonnenen Abwandlung der Reise-Technik: Ich spiele eine CD ab, auf der ich eine aus dem Web heruntergeladene Geräusch-mp3 in Endlosschleife gebrannt habe. Es handelt sich um das sonore Rauschen eines Luftgebläses, das – leise abgespielt – in meiner Imagination mit gleichmäßigem Windrauschen in wäldlichen Baumwipfeln oder kontinuierlich strömendem Wasser in einer Höhle assoziiert werden kann. Damit gelingt es mir ziemlich gut, mich an entsprechende Orte zu versetzen und gegebenenfalls so tief in Trance zu geraten, daß ich sogar weitergehen kann. Dieses akustische Hilfsmittel ist, ganz im Gegensatz zu Tonkonserven mit Binaural-Beats oder Hemi-Sync-Klängen, sogar völlig kostenfrei zu haben!

## 21. Erscheinungen und Möglichkeiten:
### Von Doppelgängern, Atomen und telepathischen Fähigkeiten

Innerhalb der Astral- oder Traumwelt bekommt man es früher oder später mit äußerst eigentümlichen Erscheinungen und Möglichkeiten zu tun, mit denen man erst mal umzugehen lernen muß. Als Erscheinungen bezeichne ich dabei die Phänomene und Fähigkeiten, die man im Traumzustand ganz selbstverständlich erleben kann, ohne sie eigens trainieren zu müssen. Dabei handelt es sich um manchmal ziemlich irritierende Phänomene, die einem nicht nur im Klartraum selbst, sondern gelegentlich auch im hypnagogen Zustand, also dem Grenzstadium zwischen Wachen und Schlafen, begegnen können.

### a. Selbstbilokation

Hierbei handelt es sich um die Wahrnehmung eines im Bett zurückbleibenden, nunmehr „leeren" Körpers, wie er bei einer OBE hin und wieder gesehen werden kann. Insbesondere diese Erscheinung überzeugt die Vertreter des Konzepts der „außerkörperlichen Erfahrung", daß ihr Bewußtsein, ihre Seele, im Traumzustand den physischen Körper „verlassen" und diesen als leere, materielle Hülle am Schlafplatz zurückgelassen habe. Dabei kann die Doppelgänger-Wahrnehmung sogar

noch weit ausgeprägtere Formen annehmen, wie ein Traumerlebnis vom 03.01.2013 beweist:

*Ich war auf irgendeiner Party und wurde unvermittelt dazu
aufgerufen, hinten an einem der mit weißem Papier gedeckten
Partytische einen Neujahrstoast auszubringen. Ehe ich überhaupt dazu kam, mir zu überlegen, was ich sagen sollte, war die
Angelegenheit auch schon erledigt. Zwar hatte ich nichts mitbe-
kommen oder gesehen, doch wußte ich instinktiv, daß eine Art
Doppelgänger von mir den Job soeben bereits erledigt hatte.*

*In einem Szenenwechsel gehe ich zielstrebig den Flur in mei-
nem alten Appartement Richtung Küche entlang. Hinter der Küchentür taucht mein Doppelgänger auf, mein exaktes Ebenbild.
Er sagt nichts, und die Begegnung erschreckt mich kein bißchen.
Statt dessen fordere ich ihn sofort zur Wiedervereinigung mit
mir auf. Mit Blick zur Küchentür schiebt sich mein Selbst von
links wieder in mich hinein, ohne daß dabei etwas Besonderes zu
fühlen ist, es ist ein ganz unspektakulärer Vorgang.*

*Kaum ist die Reintegration erfolgt, wache ich auch schon auf,
so daß ich die volle Luzidität nur knapp verpasse. Immerhin,
eine bemerkenswerte Variante von außerkörperlicher Erfahrung.
Es ist 8:33 Uhr, als ich auf den Wecker sehe; 4:51 Uhr hatte ich
die Traumübung begonnen.*

*In der Zwischenzeit beobachtete ich im Grenzbereich zwischen
Wachen und Schlafen die gelegentlich auftretenden hypnagogen
Bilder und wechselte immer mal wieder zwischen Aufwachen
und Wiedereinschlafen hin und her. Am Ende dieses Prozesses
fand ich mich in dem beschriebenen Traum wieder.*

Die Selbstbilokation ist auch ein sehr häufiger Störfaktor, wenn man im falschen Erwachen aus dem Bett aussteigen und in den Traum davongehen will.

27.12.2012

*Als ich mich heute morgen in einem Dämmerzustand irgendwo zwischen Schlafen und Wachen befand, sah ich das Bild eines Zeichentrickhundes (Pluto nicht ganz unähnlich) vor Augen. Obwohl mein Bewußtsein in dem Moment noch vergleichsweise schwach ausgeprägt war (die Erinnerung an die hypnagogische Wahrnehmung ist daher nicht besonders deutlich), spürte ich, daß ich womöglich aus dem Bett abheben könnte, und meinte auch, daß ich mir dazu einen leichten Drall nach oben geben könnte, war mir dessen aber nicht ganz sicher.*

*Ich überprüfte den Zustand mit dem Zeigefinger, und dieser sank halb in die Handfläche ein. Umgehend stand ich ganz normal aus dem Bett auf und versuchte daraufhin sofort, durch das dunkle Zimmer zu fliegen. Dies ging allerdings nur mühsam, da ich zugleich – in einer eigentümlichen Doppelwahrnehmung, einer Art Selbstbilokation auf der Gefühlsebene – meinen Körper im Bett ahnte. Auch blieb es um mich her völlig dunkel.*

*Irgendwie entglitt mir das Fliegen, und ich schien in eine Rückenlage überzugehen. Nahtlos und ohne Bewußtseinsunterbrechung blendete sich das Fliegen über dem Bett in ein Liegen im Bett und ein Erwachen darin über. Ich war noch halb im OBE-Zustand, als ich das Interieur meines Schlafzimmers, vom Flur her erhellt, wahrnahm. Diese Wahrnehmung blieb völlig stabil und veränderte sich beim Übergang vom Traum- in den Wachzustand nicht. Dummerweise habe ich nicht auf die Uhr*

145

*gesehen; so läßt sich das Erlebnis zeitlich nur ungefähr zwischen 6:30 Uhr und 9 Uhr verorten.*

## b. Autoskopie

Diese Erscheinung versetzt einen in die Lage, Detailansichten seiner selbst, von Körperteilen oder gar des Körperinneren zu erhalten. Dieser mikroskopische Tiefendurchblick ins eigene Innere soll mitunter bis auf die Ebene der Moleküle und Atome hinabreichen.

Aus einer OBE vom 20.05.2013

*Ich kann eines meiner eigenen Augen als eine hellgrüne Leuchterscheinung mitten in meinem Gesichtsfeld schweben sehen und die Details meiner Iris studieren. Die grelle Wahrnehmung stört mich irgendwann. Daher bewege ich die Augen, und sie verschwindet.*

## c. Telepathie

Kommunikation findet im Traumzustand oft nicht mündlich, sondern ganz „natürlich" und selbstverständlich durch direkten Empfang der Gedanken statt. Oftmals wird einem das Erstaunliche dieses Umstands gar nicht bewußt, es fällt erst bei der nachträglichen Auswertung der Ereignisse ins Auge.

Ein sehr gutes Beispiel liefert eine bereits an anderer Stelle ausgewertete OBE vom 06.01.2013, in welcher ein „Aufsitzer" auf meinem Rücken per Gedankenaustausch mit mir kommuniziert.

*Präkognition,* also das Vorauswissen zukünftiger Ereignisse, *Retrokognition,* Wissen aus der Vergangenheit dieses oder vorausgegangener Leben, sowie *Überbewußtheit,* bei der das Individuum sich mit dem gesamten Universum vereint wähnt und dessen Ordnung und Gesamtzusammenhang schaut, werden als weitere Erscheinungen des luziden Traums gehandelt. Ich hatte aber bislang keine Erlebnisse, die man absolut eindeutig als eines der genannten Phänomene klassifizieren könnte.

Während die beschriebenen Erscheinungen ohne eigenes Zutun erlebt werden, gibt es eine Reihe von Möglichkeiten, Aktivitäten und Fähigkeiten, die im Klartraum mit mehr oder minder großem Übungsaufwand erlernt und durch Training verbessert werden können. Dazu zählen die Fähigkeit des Fliegens, die zu den vergleichsweise einfachen Grundtechniken des luziden Traums gehört, und die Ideoplastie, also das willentliche Umformen von Materie und Dingen, die – genau wie Materialisationen, das willentliche Erscheinenlassen von Dingen – ein gehöriges Maß an gezielter Übung erfordert. Ebenso verhält es sich mit dem Durchdringen von Materie und Dingen mit Hilfe des Traumkörpers (Permeabilität), der Telekinese, der Teleportation, der willentlichen Ort-zu-Ort-Versetzung, und der Technik des Zoomens. Mit diesen trainierbaren Möglichkeiten werden wir uns in den folgenden Kapiteln ausführlicher befassen.

# 22. Fliegen

Das Fliegen gehört zu den beliebtesten und beeindruckendsten Tätigkeiten im luziden Traum und ist eine der allerersten Erlebnisformen, die Klarträumer intensiv erproben. Im Regelfall kann es auch relativ umstandslos erlernt und praktiziert werden.

22.09.2011

*Heute morgen träumte ich, in der Wohnung meiner Eltern erwacht zu sein. Nachdem ich den Traumzustand erkannt und mit einem Zeigefingertest überprüft hatte, machte ich mich daran, das Bett zu verlassen. Mein rechtes Bein fühlte sich an, als wäre es eingeschlafen oder leicht gelähmt. Trotz dieser leichten Behinderung bereitete es mir aber kein Problem, mich zu erheben. Rechts vor dem Bett stehend überlegte ich kurz, was jetzt zu tun sei, und beschloß, das Erlebnis des Klartraums überhaupt zu versuchen: fliegen! Ich schwang meine Arme wie ein Schwimmer, bewegte mich Richtung Fenster und flog, ohne einen Widerstand zu fühlen, durch eine Spalte im Rolladen durch das Fenster hindurch nach draußen.*

*Dort herrschte eine friedliche Morgenstimmung. In der Morgensonne flog ich vor dem Wohnblock eine Runde durch die Luft* und nahm anschließend Kurs auf das Hambacher Schloß. In südwestlicher Richtung war die Schloßanlage normalerweise gut zu sehen. Doch jetzt war sie von morgendlichen Nebeln verhangen und nicht sichtbar. Daher drehte ich ab und schwang mich nach rechts in Richtung Norden.

Ich flog in Richtung Weinbiet. Auf der Bergspitze steht dort ein weithin sichtbarer Funkmast. Schon oft hatte ich mir vorgestellt, in einem luziden Traum dort hinaufzufliegen, mich auf die Spitze zu stellen oder zu setzen und dann den Sonnenaufgang zu beobachten. Genau dies wollte ich nun in die Tat umsetzen! Bei dem Funkmast angelangt, bekam ich aufgrund der immensen Höhe jetzt allerdings Angst. Ich traute mich nicht mehr, bis zur Mastspitze aufzusteigen. Statt dessen landete ich an der nördlichen Seite des Mastes. Etwa ab hier verlor sich der realistische Eindruck der Traumszenerie, ohne daß ich dies sofort bemerkte.

Als ich schließlich neben dem Turm stand, kam ich mir plötzlich wie ein Riese vor! Ich war bald so groß wie der Turm selbst und konnte ihn gleich einem weiß-roten Spielzeug-Eiffelturm komplett mit meinen Armen umfassen! Auch waren plötzlich – irgendwie im Tal östlich auftauchend – mein Onkel C. und dessen Frau E. anwesend. Sie schienen etwas zu sagen, doch verstand ich nicht was bzw. erinnere mich nicht mehr an ihre Worte. Jedenfalls beschloß ich, nach Hause zu fliegen.

Ich flog in südöstliche Richtung davon und passierte dabei ein Küchenfenster in einem Hochhaus, das westlich meines Elternhauses stand. Das Haus war – wie in Wirklichkeit auch! – beige verputzt, und der Fensterrahmen, den ich durchflog, bestand aus dunkelbraunem Holz. Schließlich landete ich vor dem elterlichen Wohnblock, der aber nun plötzlich ganz anders aussah. In Par-

*terre gab es auf einmal rechts und links des Hauseingangs, der nun nach Süden hinaus lag, obgleich er tatsächlich auf der Nordseite war, Ladengeschäfte! Auch war das Haus nunmehr viel höher und reicher an Stockwerken als zuvor.*

*Um zurück ins obere Stockwerk zu gelangen, mußte ich im Treppenhaus waghalsige akrobatische Traumarbeit leisten, wobei ich feststellte, daß ich wesentlich mutiger und sportlicher zugange war als sonst, was ich auf die Flugübung zurückführte. Um oben angelangt in die Wohnung zurückzukehren, galt es – sehr weit oben – eine neben dem Treppenaufgang aufgespannte Hängebrücke (!) zu überwinden. Die Tür zur Wohnung stand offen, und ich konnte drinnen meinen Vater sprechen hören. Er redete mit meinem Bruder B. Dem Inhalt nach sagte er so etwas wie: Er müsse jetzt fort, und Frank liege noch im Bett. Hier erwachte ich. Der Traum endete um 5:13 Uhr.*

Beim nachträglichen Durchdenken des Erlebnisses fiel mir auf, daß ich in etwa ab der Szene auf dem Weinbiet und erst recht, als ich mich wieder nach Hause bemühte, zunehmend die Kontrolle über den Traum verlor. Am Ende war es kaum mehr als paradoxe Traumarbeit, obwohl die Bewußtheit zu träumen nach wie vor irgendwie vorhanden war. Aber gut! Es war ein ausgeprägter und zumindest halbwegs kontrollierter Flugtraum!

Damit aber nicht genug! Wie ein kleiner Abstecher ins Weltall veranschaulicht, sind noch weit rasantere Flugtechniken als der Brustschwimmstil im luziden Traum möglich. Die Reise gelingt dann weniger durch irgendwelche Bewegungsübungen mit dem Phantomkörper, über den wir in unseren Träumen verfügen, als vielmehr über die Kraft der Gedanken.

150

25.09.2012

*Traumende um 3:21 Uhr. In einem größeren Wohnwagen stehe ich rechts neben einem Bett. Die Szenerie ist dunkel, doch gelingt mir ein Fingertest. So versuche ich, durch das Dach des Wohnwagens senkrecht zum Flug aufzusteigen. Allerdings bleibe ich hängen und muß mich nun mühsam durch eine dunkle, dichte und träge Masse kämpfen; sehen kann ich wenig, obgleich ich mich darum bemühe.*

*Ich meine mich zu erinnern, mich einer Helligkeit knapp über mir entgegengekämpft zu haben, als ich für einen Moment die Übersicht über die Situation verliere. Schließlich finde ich mich im Wohnzimmer meiner Eltern wieder. Mit dem Rücken zur Balkontür schaue ich in den Raum, rechts neben mir befindet sich jetzt der Eßtisch. Ich vollführe einen kleinen Hüpfer und absolviere einen erneuten Fingertest, der erfreulicherweise wieder positiv ausfällt. Diesmal klappt das Aufsteigen problemlos.*

*Schnell in der Luft wendend fliege ich, ohne Widerstand zu verspüren, durch die Glasscheibe in der Balkontür ins Freie und schwebe draußen auf der Höhe des vierten Stocks. Dort überschlage ich mich in der Luft, um mich nach Diedesfeld in mein neues Haus zu teleportieren. Dies gelingt jedoch nicht; die Szenerie ändert sich nicht. Nun probiere ich, mich in schnellem Flug dorthin zu bewegen. Ich steige auf und gewinne einen phantastischen Ausblick auf die Landschaft vor mir. Grasflächen und die Wingertzeilen sind satt dunkelgrün und erhebend im Anblick. Das Tageslicht erscheint etwas gedämpft; der Himmel ist lebhaft blau, Sonne und Mond sind nicht zu sehen.*

*Um den Flug weiter zu beschleunigen, steige ich immer weiter auf und überlege mir schließlich, den Flug mit einem Abstecher über die Atmosphäre hinaus ins All zu verbinden! So verwandle ich meine hohe Flugbahn in einen Senkrechtflug und stoße an einigen Wolken vorbei ins Blaue hinauf, das alsbald ins Dunkelblaue und dann ins Schwarze überwechselt. Die Dunkelheit hier oben ist sternlos, Sonne und Mond sind nach wie vor nicht sichtbar. Unter mir wird die Erde zu einem diffus blauen Nebellicht.*

*Ich bin so weit oben, daß sich die Erdkrümmung unter mir zu einem Kreis mit leuchtend blau verwaschenem Rand schwingt. Die Erde erscheint nunmehr als eine neblig blaue, von dunstigen Wolken umschlossene Weltkugel weit, weit unter mir. Erkennbare Details gibt es nicht. Ich denke daran, daß sich weiter dort draußen im All der Mond befinden müsse, der Mond, den ich gerade gestern als zunehmenden Halbmond am Abendhimmel beobachtet hatte. Zu gerne würde ich irgendwann einmal eine Mondreise im luziden Traum versuchen, doch heute nicht, da ich nicht glaube, daß meine momentane Geschwindigkeit ausreichen würde, um dort hinzukommen.*

*Hoch über der hellblauen, runden Nebelwelt schwebend stoße ich mich – meine Aufwärtsbewegung ist inzwischen zum Stillstand gekommen – mit einer Armbewegung wieder nach unten, abwärts der Erde entgegen. Der Abstieg hat noch nicht recht begonnen, als sich eine Überblendung in mein Bett im dunklen Schlafzimmer ereignet. Erstaunt stelle ich fest, was für einen bemerkenswerten Klartraum ich soeben erlebt habe. Ich schalte die Nachttischlampe ein, überprüfe die Uhrzeit auf dem Wecker und beginne, mir Notizen zu dem Erlebnis zu machen.*

Merkwürdigerweise hatte ich, obgleich mir das Fliegen eigentlich immer relativ leicht fiel, doch gelegentlich mit eigentümlichen Hindernissen und Problemen zu kämpfen. Mal tauchen sie auf, mal nicht. Woran es letztlich liegt, weiß ich nicht, vermute aber, daß es etwas mit der Wahrnehmungsschwelle zu tun hat. Liegt der physische Körper bei geringer Schlaftiefe nur knapp unterhalb der Wahrnehmungsschwelle, unterliegt der Traumkörper bereits bestimmten Hemmnissen und fühlt sich träge an – ein Zeichen, daß das Aufwachen aus dem Traum kurz bevorsteht.

25.10.2011

*Es schien, als sei ich soeben erwacht. Dennoch führte ich einen Realitätstest durch. Mit einiger Gewalt gelang es mir unter der Bettdecke, meinen rechten Zeigefinger durch die linke Hand zu drücken. Folglich befand ich mich also noch im Traum und war zufrieden. Ich versuchte hochzufliegen, schien aber die Bettdecke mitnehmen zu wollen; ich mußte mich erst einmal durch sie hindurch bzw. von der Bettdecke freistrampeln. Dann sah ich meine Hände und Arme als hellgraue Schattenzeichnung vor der dunklen Zimmerdecke, sie wirkten wie Geisterarme.*

*Durch das Schwingen von Händen und Armen gelang es mir, leicht nach rechts oben driftend aufwärtszufliegen. Durch Armbewegungen im Brustschwimmstil brachte ich mich bis unter die Zimmerdecke. Ich berührte die Decke mit den Handflächen, fühlte die Holzmaserung der Deckentäfelung und tastete mich dann, den Bauch zur Decke gewandt, dort entlang Richtung Tür, um mehr Licht vom Gang her zu haben. Ich dachte, gleich wirst du die berühmte OBE-Sicht auf den eigenen Körper haben, ich muß mich hier oben nur ins Zimmer zurückwenden. Zuerst wollte ich aber entlang der Decke durch die Wohnung gleiten.*

153

*An der Decke im Flur (den Mauerteil über der Tür hatte ich irgendwie gar nicht wahrgenommen), fiel mir gleich eine Merkwürdigkeit auf: Die Decke sah wie ein spiegelnd polierter, grauer PVC-Boden mit einem gegenläufigen Strichmuster aus. Ich wunderte mich darüber. Nachdem ich bei der geöffneten Badezimmertür in der Luft gewendet hatte, konnte ich das Innere des Bades einsehen, erinnere mich aber nicht, dort etwas Besonderes außer einer höheren Helligkeit und der Kloschüssel wahrgenommen zu haben.*

*Leider war ich, da ich doch noch so viel sehen und erleben wollte, etwas fahrig, unaufmerksam und abgelenkt. Zudem beschlich mich das Gefühl, nicht voranzukommen. Ich wollte ins Schlafzimmer zurück, hatte aber irgendwie den Eindruck, etwas „flügellahm“ und langsam zu sein, als müßte ich gegen irgendeinen Widerstand in der Luft ankämpfen. Das Gefühl, irgendwie am freien Ausfliegen gehindert zu sein, hatte ich ohnehin schon die ganze Zeit und war darüber ein wenig verstimmt. Außerdem war mein Atem nicht so frei, er war ebenfalls leicht blockiert und die Nase etwas zu.*

*Ehe ich zurück in das dunkle Zimmer kam, erwachte ich in der Rückenlage in meinem Bett; diesmal handelte es sich aber leider nicht um ein „falsches Erwachen“.*

# Hypnagoge Bilder beobachten

Hier haben wir eine zentrale Übungsmöglichkeit, die nach meinem Dafürhalten als eine der wichtigsten beim Erlernen des luziden Träumens betrachtet werden kann. Über den Charakter der hypnagogen Bilder habe ich bereits in den Kapiteln „Los geht´s!" und „Mein Traumebenen-Modell" berichtet. An dieser Stelle soll nun auf eine besondere Eigenschaft eingegangen werden, die sie als Trainingsmöglichkeit prädestiniert.

Während Luzidität im Traum selbst bereits das zu erreichende Ziel darstellt, ist die vollbewußte Betrachtung der Wahrnehmungen im Grenzbereich zwischen Wachen und Schlafen das logische Zwischenstadium. Und dieser Zwischenschritt ist ganz erheblich leichter zu realisieren, als das luzide Träumen selbst! Man muß nur wissen, worauf es ankommt! Im Gegensatz zum luziden Traum, der mir selbst nur in den Morgenstunden gelingt, kann ich die hypnagogen Bilder prinzipiell zu jeder Tageszeit erreichen, wenn ich nur die Muße habe, mich an irgendeinem ruhigen Ort hinzulegen oder hinzusetzen und die Augen zu schließen! Die Vorstufe zum bewußten Traum kann folglich jederzeit trainiert werden!

Der Kniff dabei ist einfach nur, innerlich zum Frieden zu finden und dann, bei geschlossenen Augenlidern, darauf zu achten, was sich hinter dem Schleier des Eigengraus befindet, welcher das Sehfeld bei geschlossenen Augen überzieht.

Schaut man durch dieses Eigengrau hindurch, blickt man auf die Bühne, auf der sich die inneren Bilder entfalten, wenn man nur die Gedanken zwanglos und entspannt schweifen läßt.

Anfänglich sind diese Bilder meist von äußerst trübem und nebeligem Charakter, so daß man sie nur indirekt und andeutungsweise sehen oder erahnen kann. Blitzartig tauchen alsbald aber sehr klare und farblich ausdifferenzierte Wahrnehmungen unterschiedlichster Art auf: Detailausschnitte schwer definierbarer Gegenstände, szenische Einblicke in unbekannte oder bekannte Räume, Fahrzeuge mit aufgeblendeten Scheinwerfern, bewegte Objekte, Gesichter, Personen, die auf einen zutreten und viele andere. Diese Bilder kommen und gehen wie kurze Einblendungen; manchmal bleiben sie auch für mehrere Sekunden im Gesichtsfeld schweben.

Gelänge es, sie über längere Zeit aufrechtzuerhalten, könnte man den Versuch wagen, sich in sie hineinzubewegen. Tagsüber ist es mir allerdings noch nie gelungen, voll in eine hypnagoge Szenerie überzugehen. Doch immerhin: Hin und wieder klappt es auch am Tage, zumindest ansatzweise Bewegungserfahrungen wie vereinzelte Arm- oder Beinbewegungen innerhalb solcher Szenerien zu realisieren.

## 23. Die Schöpfermacht des Geistes:

### Materialisationen

Absolut faszinierend ist es, daß einem im Klartraum die schier unglaubliche Möglichkeit offensteht, Gegenstände und Umgebungen, in der Höchststufe der Übung sogar ganze Welten, nach der eigenen Vorstellung zu erschaffen – eine Meisterschaft, zu der ich selbst noch ganz erheblicher Übung bedarf, um sie erreichen zu können.

Bei der Grundübung, in die ich hier einführen will, können mittels starker geistiger Konzentration zumindest schon einmal beliebig Gegenstände zum Erscheinen gebracht werden. Soll dieses schwierige Unterfangen gelingen, ist es ratsam, sich nicht auf den Vorgang der Materialisation selbst zu konzentrieren, sondern allein auf das, was gerade gebraucht wird. Benötigt man z. B. Schuhe, laufe man einfach, ohne hinzusehen, ein paar Schritte in der Vorstellung, man trüge sie bereits, dann sind sie auch schon da. Sollen Gegenstände etwas gezielter willentlich hervorgebracht werden, gestaltet sich dieses Ansinnen u. U. noch um einiges schwieriger.

15.10.2013

*Nach dem Übungsbeginn um 5:30 Uhr gelange ich ins falsche Wachliegen. Ich befinde mich in der linken Seitenlage, richte mei-*

ne Konzentration noch einmal frisch aus und denke daran, in eine luzide Traumfahrt einzusteigen. Offenbar sind meine Eltern für einen Moment im Traum anwesend und in irgendein leises Gespräch vertieft.

Plötzlich überkommt mich eine schlagartige Gefühlsveränderung, eine prickelnde Schwere. Mit dem üblichen RC stelle ich fest, daß es jetzt möglich ist, einen Einstieg zu versuchen. Durch Rollen über den linken Bettrand und die antrainierten Stabilisierungen gelingt er problemlos. Nur das Sehen klappt nur halbwegs.

Mit der Verbesserung der Sehfähigkeit beschäftigt, durchquere ich das Schlafzimmer und laufe hinüber ins Arbeitszimmer. Dort stellt sich ein trübes Sehen in Graustufen ein, nur über rechts kann ich den Schrank mit dem Gästebett klar und farbig wahrnehmen. Ich beschließe, das Problem zu ignorieren und einfach weiterzumachen. Ich hatte mir vorgenommen, im nächsten Klartraum „Materialisationen" zu üben. So halte ich meine rechte Hand hinter dem Rücken und versuche, dort meine Lieblingsjeans erscheinen zu lassen. Dabei spüre ich, daß ich nun plötzlich irgendwelche merkwürdigen Handschuhe anhabe, schlabberige Stoffteile, wie sie z. B. Archivare anlegen, wenn sie es mit uralten, wertvollen Handschriften zu tun haben.

Zweimal probiere ich die Materialisation, doch es funktioniert nicht. Ich gehe ins Schlafzimmer, finde die Jeans dort (hat es indirekt also doch geklappt?) und steige hinein. Nun versuche ich, unter den Hosenbeinen Schuhe erscheinen zu lassen, da sie barfüßig zu lang sind. Erneut gelingt das Experiment nicht.

Ich wechsle ins EG, ohne viel vom Weg nach unten mitzukriegen. Es scheint eher ein Überblenden zu sein. Der Raum ist von

einem sachten, warmen Licht erfüllt. Um nicht auf den Hosenbeinen rumschlappen zu müssen, schwebe ich einige Zentimeter über den beigen Fußbodenplatten. Ich schwebe hinüber zur
Haustür. Und weil ich tagbewußt in einem Klartraum bin, lasse
ich sie einfach offenstehen und schwebe hinaus. Im Traum besteht
schließlich keine Gefahr, daß irgendjemand mit üblen Absichten
ins Haus eindringen und ernsthaften Schaden anrichten kann.

Draußen fällt mir plötzlich das Schweben schwer, und ich
stakse in ziemlich lächerlicher Weise am Nachbarhaus gegenüber vorbei. Da es mein Traum ist, sind mir die Nachbarn egal,
die diese Vorführung durch ihr Verandafenster sehen. Linkerhand schlage ich den gewohnten Weg in die Wingerte ein. Weil
ich so ungelenk unterwegs bin, wechsle ich am Ende sogar in einen Gang auf allen Vieren über. Dabei spüre ich deutlich den
rauhen Asphalt unter meinen Handflächen, und dabei fällt mir
ein, daß intensives Tasten und Fühlen ja die Traumstabilisierung
verbessert. Die Fortbewegungsart mag affig erscheinen, ist aber,
da traumstabilisierend, an sich keine üble Sache.

Die Gegend ist morgendlich dämmrig sowie rechts und links
des Weges ungewöhnlich weitläufig. Als ich ein weiteres Haus
passiere, das östlich von mir weit zurückgesetzt im Feld steht,
kann ich dennoch kurz die Stimmen der Bewohner wahrnehmen, verstehe aber nicht, worum sich ihre Gedanken und Ge-
spräche drehen.

Dann schwenke ich nach rechts in den Weg in die Weinber-
ge ein. Nach einer kurzen Strecke setze ich mich kurz rechts ins
dunkelgrüne Gras und bemerke, daß jetzt endlich die Schuhe erschienen sind, die ich zuvor materialisieren wollte. Nun kann ich
endlich in normalem Gang ungehindert weitergehen...

Dieses Erlebnis zeigte einige spezifische Schwierigkeiten von Materialisationsversuchen auf. Grundsätzlich war es schon einmal eine gute Idee, den herbeigewünschten Gegenstand hinter dem Rücken, also außerhalb des Sichtfeldes zu materialisieren. Dies erleichtert die Umsetzung ungemein. Die kognitive Dissonanz, etwas zu versuchen, das in der Wachwelt völlig unmöglich ist, wird schon einmal ein wenig gemildert, wenn der Vorgang nicht direkt vor den Augen geschehen soll. Dennoch wollte es nicht gelingen, den herbeigewünschten Gegenstand hinter dem Rücken zu materialisieren, denn das Gefühl in der Hand vermittelte mir eindeutig, daß meine Hand leer war und demnach auch leerbleiben würde.

Als ich dieses Problem durchdachte, kam mir folgende Idee: Beim nächsten Mal werde ich mich einen Moment lang auf das konzentrieren, was ich benötige, um den besagten Gegenstand an einer nicht einsehbaren Stelle hinter meinem Rücken zu materialisieren. Erst dann werde ich hinter mich greifen und mir das Ergebnis angeln. Der Gegenstand bildet sich dann nicht direkt in meiner Hand, sondern läßt sich irgendwo hinter mir im leeren Raum ertasten und aus der Luft ergreifen. Oder die Sache taucht an einer Stelle im Raum auf, zu der ich zuvor nicht hingeschaut habe, so daß ich sie schließlich durch gründliches Umschauen in der Umgebung entdecken kann. Mal sehen, ob sich diese Abwandlung bewähren wird, bislang war ich zu sehr mit anderen Experimenten beschäftigt, um meine neue Hypothese austesten zu können.

Kleinere Objekte wie z. B. Schlüssel oder dergleichen lassen sich jedenfalls oft auch einfach aus Hosen- oder Jackentaschen ziehen, wenn man sie zuvor nur gründlich genug imaginiert hat. Hin und wieder genügt es auch, schlicht die Augen zu schließen und sich auf den gewünschten Gegenstand zu konzentrieren. Nach dem Wiederaufschlagen der Lider findet sich das Objekt irgendwo im Umfeld oder gar direkt vor den Augen.

# Trainingseinheit

## Tiefenentspannung

Die meisten Astralprojektoren teilen die Auffassung, daß körperliche Entspannung eine wesentliche Voraussetzung zu einer Exkursion ist. Ich wende zwei verschiedene Methoden an, um einen tiefen Entspannungszustand zu erreichen. Sehr häufig verwende ich eine Tiefenentspannungstechnik, bei der ich beim Einschlafen meine Atmung beobachte. Mit jedem Ausatmen löse ich die Muskelspannung meines Körpers ein Stück weiter und fühle, wie mein Körper immer ein wenig schwerer wird und dabei in die Liegefläche meiner Matratze sinkt. Durch diese Konzentration kann ich neben der auf diese Weise leicht erreichbaren körperlichen Entspannung auch die Sinne und die geistige Aufmerksamkeit von der Außenwelt abziehen und eine Trance einleiten.

Eine ebenfalls sehr bewährte Technik ist die der bekannten progressiven Muskelentspannung nach Edmund Jacobson, bei der beim Kopf beginnend bis hinab zu den Füßen jeder einzelne Muskel nacheinander gezielt an- und nach einer Weile wieder entspannt wird. Hat man z. B. die Muskeln im Bereich der Oberschenkel angespannt, hält man die Anspannung, bis man auf 10 gezählt hat, und löst sie dann wieder. So wird jede einzelne Muskelpartie über die Gesichtsmuskulatur, den Hals- und Nackenbereich, die Schultern, die Brust- und Rückenregion, Arme und Hände, die Beckenpartie, Oberschenkel, Waden bis zu den Füßen systematisch durchgearbeitet, bis sich der Körper warm und gelockert anfühlt.

Habe ich auf diesem Wege eine tiefe körperliche Entspannung erreicht, beginne ich mit der Anwendung einer Klartraumtechnik. Entspannungsübungen bilden eine gute Basis für das Erproben luzider Träume. Für sich allein angewendet haben Entspannungstechniken bei mir aber noch in keinem Fall luzide Träume oder OBEs erzeugen können. Statt dessen führen sich mich in einen tiefen und erholsamen, meist traumlosen Schlaf.

## 24. Durch die Wand gehen

Der besondere Kunstgriff, im wahrsten Sinne des Wortes durch die Wände zu gehen, wird mit dem Begriff „Permeabilität" bezeichnet. Damit ist die Durchdringbarkeit von fester Materie im Klartraum gemeint. Zimmerdecken, Fensterscheiben, der Erdboden und Wände können – meist ohne sie zu beschädigen – durchdrungen werden. Allerdings muß man diese Fähigkeit insbesondere bei Wänden üben, da einem sonst das Bewußtsein, etwas eigentlich Unmögliches zu tun, einen Strich durch die Rechnung macht. Das Durchschreiten oder Durchfliegen von Fußböden und Zimmerdecken fällt seltsamerweise leichter als das von Wänden. Fensterscheiben sind meistens ebenso unproblematisch wie Zwischendecken und Zimmerböden.

Leider fehlt mir die Datierung des folgenden Erlebnisses! Jedenfalls gelang es mir, mich zu lösen und in der Dunkelheit meines Appartements rechts neben dem Bett in Rückenlage durch den Fußboden zu sinken.

*Ich meinte, nun in der Wohnung von Frau Rö. zu sein, was ich hinterher als Irrtum identifizierte, da unter mir ja Frau R. wohnt. In dieser Wohnung schwebte ich durch die Scheiben der*

*Balkonfensterfront und ließ mich dann, ohne jegliche Angst vor Verletzungen, im Dunkeln und immer noch in der Rückenlage verharrend, recht schnell nach unten fallen bis zum Grund vor dem Haus. Ich bemerkte noch, daß ich unten ankam, erlebte dabei aber keinen schmerzhaften Aufprall. Danach erwachte ich aus diesem recht merkwürdigen Erlebnis.*

Ließ sich im geschilderten Fall die Fensterscheibe ohne jede Behinderung überwinden, können solche Scheiben in anderen Zusammenhängen überraschenden Widerstand leisten und nur mit Hilfe einer ideoplastischen Veränderung ihrer Beschaffenheit überwunden werden.

10.03.12

*Im hypnagogen Zustand konnte ich fühlen und ansatzweise sehen, wie ich eine Tür mit altertümlicher Holztäfelung öffnete und in irgendeinen größeren Amtsraum (?) gelangte, Einzelheiten des Raums konnte ich nicht wahrnehmen. Das pseudo-halluzinatorische Bewegungserlebnis war aber eindeutig wahrnehmbar. Daher machte ich mit deutlicher Kraftanstrengung weiter.*

*Ich dachte daran, die Imagination in eine traumähnlichere überleiten zu können, hatte aber nicht die Hoffnung, dies zu schaffen. Tatsächlich blieb es hinter den geschlossenen Augen dunkel. Das geänderte Körpergefühl war aber nach wie vor vorhanden, und ich unternahm unter leichtem Anheben der Bettdecke einen gelingenden Zeigefingertest! Ich versuchte aufzuschweben, war aber vollkommen starr. Mit Anstrengung konnte ich die Augen öffnen und das dunkle Zimmer sehen, mich aber trotz aller Mühen nicht erheben, nicht lösen.*

*Erneut schloß ich die Augen und dachte daran, mich mit Macht zu lösen. Endlich flog ich aufwärts unter die Zimmerdecke und schwebte dort. Doch war es mir noch immer nicht möglich, etwas zu sehen. Ich war von der Anstrengung geschlaucht und spürte dies im Kopf. Dennoch war ich ziemlich erleichtert, endlich mal wieder ein Erlebnis herbeigeführt zu haben.*

*Nun dachte ich daran, ab jetzt in jedem weiteren Traum meines Lebens klarzuwerden, und wollte sodann durch den Rolladen an der Balkontür nach draußen fliegen. Der Rolladen leistete mir jedoch erheblichen Widerstand. Er verhielt sich wie eine dicke, feste Gummimatte. Ich drückte mein Gesicht hinein, sah jetzt die weißen unscharfen Rolladenritzen und fand das seltsam. Ich war entschlossen, nicht aufzugeben. Ich kämpfte mit dem Rolladen und meinte noch, mich nach vorn und unter ihm hindurch auf den Balkon hindurchgequetscht zu haben. Doch in diesem Moment, ich war leicht links der Balkontür, den Blick auf die beigen Bodenplatten des Balkons gerichtet, verlor sich der Traumzustand, und ich lag wieder – vollständig erwacht – in meinem Bett. Der Traum endete Samstagmorgen ca. 7:33 Uhr. Es war eine anstrengende Übung.*

# Trainingseinheit

## Meditationen zum Wachbewußtsein

Ich erinnere mich an mindestens zwei OBEs, die mir durch die Meditation über einen Begriff und dessen Bedeutung für mich glückten. Ich meditierte dazu während des morgendlichen Wiedereinschlafens bei geschlossenen Augen über den Begriff „ *Wachbewußtsein*" und fragte mich, wer oder was denn eigentlich in dem Augenblick bewußt ist, wenn ich mir diese Frage stelle.

Auf diese Weise begebe ich mich auf eine Meta-Ebene, auf der ich mich als Fragenden selbst infragestelle. So wird, ganz ähnlich wie auch im tibetanischen Traum-Yoga, die Bewußtheit geschärft, indem ich die eigene Wirklichkeit in Zweifel ziehe.

Durchgängig halte ich beim Meditieren den Begriff im Geist gegenwärtig, halte ihn dort in der Schwebe, und zwar sowohl als gesprochenes wie als geschriebenes Wort, dessen Klang ich im Kopf höre und dessen Buchstabenabfolge ich mir schwarz auf weiß niedergeschrieben vorstelle, während ich alle themenfremden Gedanken ignoriere.

Die Folgen dieser Meditationsform waren durchaus bemerkenswert. Beispielsweise wurde die OBE, in der ich einen bunt gewandeten Schimpansen traf, durch diese Technik ausgelöst. Die im Traumzustand getroffene Feststellung „Das Wachbewußtsein ist noch glasklar erhalten!" war in diesem Traum die

unmittelbare Antwort auf meine Meditation über die Wachbe-
wußtheit und deren Hinterfragung während der Übung!

Ein anderes Mal fand ich mich infolge dieser Meditation
bäuchlings auf einer Sandfläche liegend vor. Mit dem Zeigefinger schrieb ich das Meditationswort „Wachbewußtsein" in
den Sand und wurde beim nochmaligen Nachlesen der In-
schrift luzid!

# 25. Umformungen und Tierverwandlungen

Eng verwandt mit der Fähigkeit, im wahrsten Sinne des Wortes „durch die Wand zu gehen", sind die durch Willen und Vorstellungskraft bewußt oder unbewußt vorgenommenen Umformungen von fester Materie. Dieses besondere Kunststück wiederum wird im Fachjargon als „Ideoplastie" bezeichnet. Gegenstände werden durch mentale Beeinflussung plastisch und können durch den Geist umgeformt werden. Solche Kunststücke ergeben sich im luziden Traumzustand immer wieder und können mit etwas Übung und Erfahrung zweckgerichtet eingesetzt werden.

Die Fähigkeit bezieht sich sowohl auf Objekte in der geträumten Umgebung wie auf das Erscheinungsbild des eigenen Körpers. Gliedmaßen können durch beliebiges Strecken willkürlich verlängert werden, so daß es problemlos möglich wird, Gegenstände auf der anderen Seite des Raumes zu ergreifen oder die Hände bzw. Füße vom Bett aus an die gegenüberliegende Wand des Zimmers zu führen. Diese Fähigkeit hilft, vielerlei Aufgaben und Probleme im Traumzustand zu lösen.

In meinen luziden Träumen war, wie schon im Kapitel über „Permeabilität" ersichtlich, immer mal wieder der Rolladen ein Hindernis mit Konfliktpotential, das durch Beeinflussung der materiellen Beschaffenheit dieser Barriere überwindbar wird. Ohne diesen Trick wäre mir am 18.01.2013 eine schöne Flugzeit entgangen.

*Ich stehe im Dunkeln in der Nähe meines Kleiderschranks und denke darüber nach, daß es endlich mal wieder an der Zeit wäre, einen luziden Traum zu haben. Mehr beiläufig führe ich einen Realitätstest durch, der mir zeigt, daß ich mich just in einem Traum befinde. Ins Schweben übergehend verspüre ich Lust, das Schlafzimmer zu verlassen und die Umgebung zu erkunden, wie ich mir das schon lange vorgenommen habe. Ich betrachte die angelehnte Schlafzimmertür zu meiner Rechten und schlängle mich zwischen Rahmen und Tür hindurch. Auf dem Flur lande ich kurz und überlege mir, ob ich vielleicht zu Fuß weitergehen soll, entschließe mich aber, weiterzufliegen.*

*Ich fliege hinüber ins Arbeitszimmer. Die Rolläden an beiden Fenstern sind heruntergelassen, dennoch scheint von irgendwoher weißliches Tageslicht den Raum zu erhellen. Beim Rolladengurt schwebend ziehe ich den Rolladen des rechten Fensters hoch. Dahinter erscheint aber nur ein zweiter geschlossener Rolladen! Das nervt mich ein bißchen, und ich drehe mich einfach rechts an dem geschlossenen Rolladen vorbei, der leicht und einfach wie eine Gardine zur Seite schwingt.*

*Nun schwebe ich draußen, das Gesicht der gartenseitigen Fassade des Hauses zugewandt. Ich gebe mir einen Impuls nach hinten und leicht nach oben und fliege oberhalb der Rasenfläche meines Gartens. Es ist herrlich sonnig und sommerlich hier, alles ist detailreich und lebhaft farbig. Der Rasen strahlt in hellem, warmen und saftigen Grün. Ich beginne in der sommerlichen Landschaft umherzufliegen...*

Sich mit dem Rücken voran hindurchzudrehen wie hier im Umgang mit dem Rolladen, ist auch bei schwer durchdringlichem Mauerwerk manchmal ein sehr hilfreicher Trick! Doch nicht nur beim Durchdringen von Mauern, Fenstern und anderen Begrenzungen können ideoplastische Umformungen eingesetzt werden. Sie können auch helfen, kraft des Geistes kleinere Fehler auszumerzen und z. B. auf die Schnelle etwas heilezumachen, was man zerstört, oder zu reinigen, was man beschmutzt hat.

*In einem längeren Klartraum vom 15.12.2012 bin ich irgendwann in einer fremden Wohnung unterwegs. Irgendwie berühre ich beiläufig die mit weißer Rauhfaser tapezierte Wand mit der Hand und entdecke daraufhin, daß ich die Tapete unterhalb eines Lichtschalters mit etwas Blut verschmiert habe. Aus irgendeinem mir nicht bekannten Grund blute ich ein wenig aus dem Zeige- und Mittelfinger meiner rechten Hand. Da in einem Traum alles kraft des Willens gerichtet werden kann, überstreiche ich die Flecken an der Wand mit den Fingern und konzentriere mich darauf, sie mit dem Geist wieder zu löschen. Das klappt sogar ganz gut. Schließlich wende ich mich von der Tapete ab und gehe weiter...*

Weit schwieriger als die hier beschriebenen Operationen sind Metamorphosen, bei denen man den eigenen Traumkörper in die Gestalt eines Tieres, eines Objekts oder einer anderen

Person umformt. Sie sind ein extrem anspruchsvolles Unterfangen, das sehr viel Erfahrungswissen und Übung erfordert.

Ein guter Trick ist es, ein Objektpsychogon des Gewünschten erscheinen zu lassen, in das Objekt hineinzugehen und dessen Hülle zu übernehmen. Der Klartraumforscher Paul Tholey beschreibt eine ähnliche Technik, bei der er den Körper und die Motorik einer anderen Person übernimmt. Diese Übung ist in jedem Fall erheblich leichter, als den eigenen, augenblicklich vorhandenen Traumkörper direkt umzuformen und in die Gestalt umzuwandeln, die einem vorschwebt. Wer Materialisationen geübt hat, dürfte mit der „Übernahmemethode" bald gute Erfolge erzielen. Ich habe – allerdings bisher nur in sehr intimen und erotischen Träumen mit sehr eingeschränkter Bewußtheit – derartige Selbsttransformationen erlebt.

## Trainingseinheit

# Wake-Back-To-Bed (WBTB)

Beim WBTB handelt es sich um eine spezielle Klartraumtechnik, die sinngemäß mit „Aufstehen und dann wieder zurück ins Bett" übersetzt werden kann. Sie besteht darin, daß man sich in der Nacht bzw. am frühen Morgen weckt, aufsteht, einen obligatorischen Toilettengang einschiebt und sodann durch eine in den Schlafrhythmus eingeschobene Wachphase den Geist klärt und weckt. Am besten stellt man sich einen Wecker auf eine Uhrzeit circa vier, sechs oder sieben Stunden nach dem Schlafengehen. Welche Weckzeit ausgewählt wird, muß individuell getestet werden. Wichtig ist, daß man bei der Rückkehr ins Bett noch müde genug ist, um gleich wieder einzuschlafen zu können.

Hinsichtlich der Länge der Wachphase gehen die Meinungen auseinander. Viele halten eine Zeitspanne von etwa zehn Minuten für vollkommen ausreichend, während andere mindestens 30, wenn nicht gar 90 Minuten für unbedingt erforderlich halten. Ich habe das WBTB selbst niemals länger als zehn Minuten ausgedehnt. Ist der Zustand der Schläfrigkeit stark genug, wird man schließlich in den Traumzustand und womöglich direkt nach dem Einsetzen des Schlafs ins bewußte Träumen übergehen. Dann hat die Verschiebung des Schlafrhythmus Wirkung gezeigt und der in der Wachphase geweckte Geist wird aktiv.

Ich habe des öfteren WBTB als klartraumunterstützende Maßnahme gewinnbringend angewandt. Dabei habe ich die Technik mit Autosuggestionen in der Wachphase kombiniert. Zu diesem Zweck gehe ich im von gedimmtem Licht erhellten Wohnzimmer umher (volles elektrisches Licht hat bei mir eigentümlicherweise negative Auswirkungen auf den Erfolg des WBTB!) und wiederhole dabei die Suggestionsformel, die ich in der Trainingseinheit „Suggestionsübungen" offengelegt habe. Dann gehe ich zurück ins Bett und versuche, ohne einen weiteren Gedanken zu verfolgen, wieder einzuschlafen.

# 26. Teleportation

Wer sich für Astralwanderungen interessiert, wird irgendwann innerhalb der Traumwelt auf ausgedehnte Erkundungsreisen gehen und sich Methoden erschließen wollen, die ihm dies auch einigermaßen zuverlässig erlauben. Damit wären wir bei der Technik der Teleportation.

Mit Hilfe der Technik des Teleportierens oder Beamens gelingt es, sich von einer Stelle zur anderen zu versetzen bzw. innerhalb der Klartraumwelt in Zeit und Raum zu springen. Es gibt verschiedene Techniken, die diesem Ziel dienen. Aus verschiedenen Gründen reise ich heute meistens nur noch durch die konzentrierte Blickfixierung einer festen Stelle im Raum oder des Punktes zwischen den Augen bei geschlossenen Lidern.

20.07.2013

*In einem Traum dieser Nacht möchte ich mit Pyrotechnik experimentieren, muß mich aber vor einer Person, einer Art Aufseher, hüten, der strikt gegen solche Experimente ist. Ohne Anstrengung und Zeitverlust wechsle ich plötzlich aus dem Wohnzimmer in eine waldige Gegend, in der es Abend ist. In meiner rechten Faust spüre ich ein Bündel Streichhölzer.*

*Unvermittelt tauchen zwei fliegende Personen in der Szenerie auf, die in den Kronen der Bäume über mir verschwinden. Eine von ihnen erinnert mich an Onkel A. Irgendein Impuls nötigt mich, die beiden zu verfolgen. So steige ich in die Luft auf und schwebe schließlich zwischen den dicken Ästen einer alten Kiefer, warmes gelbes Licht aus unbekannter Quelle erhellt meine unmittelbare Umgebung. Die Kiefernnadeln, die hell rotbraune Rinde des Baums wirken unnatürlich scharf, als betrachtete ich sie durch eine etwas zu starke Brille.*

*Ab hier ist der Traum luzid, und ich entschließe mich, meine Tunnelprojektions- und Stabilisierungsversuche fortzusetzen. Ich suche den Boden auf, fixiere dort ein Grasbüschel vor meinen Augen und konzentriere mich darauf, Schönheit und Realität meiner Umgebung zu intensivieren. Nach einem Moment tritt eine Veränderung meiner Wahrnehmung ein. Um mich her herrscht ein merkwürdiges hellgraues Leuchten mit einigen helleren Streifen ohne besondere räumliche Tiefe. In diesem Umraum fliege ich senkrecht aufwärts, wobei das Fliegen im Schwimmmodus alsbald ganz von selbst in das Gefühl übergeht, in einem engen Schacht eine Leiter hinaufzusteigen.*

*Das gräuliche Leuchten steigert sich ins Grellweiße, und eine gewaltige Hitze wird fühlbar, die von der Strahlung ausgeht. Ich spüre, daß ich über mir eine Art Luke erreicht habe. Als ich diese passiere bzw. probiere, sie zu passieren, tauche ich, auf dem Rücken liegend, den Blick zur leicht geöffneten Schlafzimmertür gerichtet, in meinem Bett auf. Es ist 3:35 Uhr. Habe in dieser Nacht nur schlecht zur Ruhe gefunden; der dadurch bedingte oberflächliche Schlaf hat vielleicht das luzide Träumen ohne besondere Einleitungsbemühungen begünstigt (nach dem Zubett-*

*gehen wurde nur kurz und zwanglos mit der Schau hypnagoger*
*Bilder experimentiert).*

Teleportationen sind prinzipiell auch durch schnelles Drehen
um die eigene Körperachse möglich. Ist der Drehvorgang abgeschlossen, finde ich mich in einer anderen Umgebung wieder.

17.12.2012

*In einem Traum der vergangenen Nacht kann ich mich bewußt*
*in die Szenerie irgendeines Westernfilms hineinversetzen und*
*weiß dadurch von Anfang an, daß ich in einem Traum bin. Ich*
*befinde mich bei Nacht auf einem Platz vor dem Eingang eines*
*Forts, der Schein eines Lagerfeuers erhellt den Ort. Da mich die-*
*se Ausgangssituation nicht weiter interessiert, drehe ich mich um*
*die eigene Achse und probiere so, mich irgendwoanders hinzu-*
*teleportieren.*

*Nach einigen Umdrehungen trete ich in einen anderen Raum*
*über, und es stabilisiert sich ein halbdunkles Zimmer mit vielen*
*weißen Bilderrahmen rings an den Wänden. Es macht den Ein-*
*druck, als schaute ich aus einer erhöhten Position in diesen Raum*
*– ganz so, als stünde ich aufrecht im Bett. Irgendwie scheint es*
*mir eine verfremdete Ausgabe meines Schlafzimmers zu sein.*
*Sogleich versuche ich einen weiteren Ortswechsel mit derselben*
*Methode und konzentriere mich dabei darauf, daß die neue Um-*
*gebung ganz hell und freundlich sein soll.*

*Freudig registriere ich, daß es funktioniert: Zunächst erscheint*
*es mir, als blickte ich mit geschlossenen Augen in heiteren Son-*
*nenschein. Und als ich die Augen öffne, erkenne ich, daß ich – er-*

*neut in einem Bett stehend – in einem taghellen Raum bin. Durch zwei große Fenster mit weißen Kunststoffrahmen sehe ich nach draußen auf eine sattgrüne Grasfläche mit vereinzelten Bäumen, wie man dies im Freibad findet. Ich steige vom Bett herunter, bin aber vom „Teleportieren" noch ganz wacklig auf den Beinen, so daß ich schwanke und torkle, als hätte ich einen Drehwurm.*

*Unverwandt blicke ich zum Fenster und sehe die Szenerie draußen auf- und abschwanken, als sei ich seekrank. Noch hoffe ich, daß sich dieser Schwindelanfall gleich geben und sich dann auch die helle und sommerliche Umgebung stabilisieren wird. Doch ehe dies der Fall ist, erwache ich. Der Wecker zeigt 1:35 Uhr. Um 0:04 Uhr war ich zu Bett gegangen.*

In letzter Zeit verwende ich die hier genutzte Methode aber kaum noch, da sie mir ein wenig unzuverlässig vorkommt. Häufig lande ich nach ihrer Anwendung nicht in einer anderen, eindrucksvolleren Traumumgebung, sondern in der unbestimmten Finsternis der dunklen Void. Auch als Traumstabilisierungstechnik hat sich diese „Spin-Methode" bei mir nur als sehr eingeschränkt geeignet gezeigt. Teleportationen gelingen mir auf diese Weise meist (aber auch nicht immer) in den stabilen Anfangsphasen eines luziden Traums. Versuche ich damit dem Erwachen zu „entfliehen", klappt dies erfahrungsgemäß meist nicht.

Eindrückliche Erfahrungen mit den Problemen der besagten Spin- oder Rotationsmethode hatte ich bei einer OBE am 18.12.11. Ich erreichte nicht, was ich wünschte, und vergeudete nur meine Zeit und meine Bewußtheit.

*Traumende gegen 7:20 Uhr. Ein ausgeprägter luzider Traum. Im Vorfeld hatte ich bei R. A. Monroe von der Möglichkeit gelesen, im luziden Traum „Astralreisen" in den Weltraum zu unternehmen, und probierte nun, genau dieses Erlebnis zu realisieren.*

*Es begann mit einem gewöhnlichen, aber extrem intensiven Traum, einem wahren Massenspektakel in der Schule. Es handelte sich um irgendeine schulische Aufführung. Die Schüler saßen zu Hunderten auf den Rängen einer Arena, und Frau M., eine meiner Kolleginnen, forderte mißgelaunt Schüler auf, nach unten auf den freien Platz inmitten der Arena zu gehen. Zunächst wollte niemand so recht dieser Aufforderung folgen, doch alsbald rannten alle in einem Massenchaos nach unten.*

*Unten auf dem riesigen Gelände der Arena fand ein Lkw-Rennen (!) statt. Und plötzlich hing ich am Kühler eines mattroten Lkw, der, obgleich ich dort vorne festgeklammert hing, ungebremst weiterraste. Die Szene wechselte schließlich, und ich befand mich in der Schultoilette vor dem Spiegel über dem Waschbecken und kämmte mein struppiges, irgendwie klebriges und zerzaustes Haar. Es war widerspenstig und stand nach allen Seiten ab, auch schienen Reste von eingetrocknetem Haargel in den Strähnen zu hängen. Mein Gesicht war ungewohnt braungebrannt, hatte aber am Haaransatz eine dreieckige weiße Stelle, wo offenbar kein Sonnenlicht durch das Haar hindurchgekommen war.*

*Ich erkannte mich zwar problemlos wieder, war aber wesentlich jünger – es handelte sich um mein zehn oder elfjähriges Selbst, das da im Spiegel zu sehen war. Irgendwie dachte ich, daß ich mich merkwürdig fühlte. Auch bemerkte ich im Spiegel, daß meine eigenen Arme (?) für Sekundenbruchteile irgendwie hinter meinem Kopf herumfuchtelten – und zwar in einer Weise, wie dies rein*

179

*anatomisch gar nicht möglich sein konnte. Im diesem Augenblick erinnerte ich mich an die Möglichkeit des Zeigefingertests. Vor meinen Augen steckte ich den Zeigefinger durch die Handfläche. Ich war also im Traum!*

*Ich beschloß, mich zunächst heim in mein Zimmer zu teleportieren. Ich öffnete die Tür zu meiner Linken, verließ den Toilettenraum und trat in dessen blau gekachelten Vorraum. Dort drehte ich mich mit geschlossenen Augen schnell um mich selbst und wünschte mich in mein Zimmer. Das funktionierte aber nicht richtig. Ich wechselte zwar den Ort, doch dort, wo ich herauskam, als ich stoppte, war es dunkel. Ich wollte nicht allzu lange warten, da ich fürchtete, nur Traumzeit zu verlieren, vermutete aber, es könnte mein nächtliches Zimmer sein. Ich fragte mich, ob die Lichtflecke, die ich wahrnahm, vielleicht von dem schwachen Licht herrührten, das durch die Rolladenritzen in mein Zimmer fiel.*

*Schließlich dachte ich an mein Vorhaben, mich auf eine Traumreise in den Weltraum zu begeben, überschlug mich in einer Rolle vorwärts und wünschte mich zur Mondoberfläche. Auch dieser Teleportationsversuch scheiterte, und ich stellte fest, daß ich mich wieder in meinem Bett befand. Mitsamt dem Bettzeug, das mich wie eine schwarze Gaze umwaberte, sprang ich nach links oben in die Luft und schwebte, die Tür vor mir zu meiner Linken, mitten im Zimmer.*

*In der Luft schwebend überschlug ich mich nochmals, in der Hoffnung, doch noch ans Ziel zu gelangen. Letztlich raste ich in einer spiralförmigen Flugbahn durch das geträumte Zimmer. In Rückenlage flog ich den Fußboden entlang und unter dem Bett hindurch. Mit geschlossenen Augen sah ich einige Sterne und den Planeten Saturn; er sah aus, wie bei niedriger Vergrößerung (al-*

lenfalls 100fach) durch ein Fernrohr betrachtet. Das Bild machte
– wie die Deckenprojektionen in einem Planetarium – einen etwas
künstlichen Eindruck. Daher vermutete ich schon, daß es wohl
auch bei diesem Versuch mit meiner Mondreise nicht klappen würde.

Schließlich kam ich in Rückenlage sanft am Boden zu liegen,
„erwachte" dort halbbewußt und sah von dort aus in das vom
Gang her irgendwie warm erleuchtete Zimmer hinein in die linke
Zimmerecke (Fernseherecke) und zum Bett rechts. Ich verspürte
jetzt den Wunsch, den Traum zu beenden, um meine Aufzeichnungen zu beginnen. Andererseits wollte ich den einmal erreichten
luziden Traumzustand nicht einfach schnöde beenden. Schließlich
hatte ich den Eindruck, doch erwacht zu sein, und stand vom Boden auf.

Daß ich nicht in meinem Bett erwacht war, wunderte mich
dann doch ein wenig. Ich verließ das Zimmer und befand mich nun
im Flur der Wohnung meiner Eltern, warmes Licht erfüllte von der
Toilette her den ganzen Flur. In der Toilette stand an der linken
Wand ein großer Einbauschrank (den gibt es dort eigentlich gar
nicht), an dem jemand (mein Bruder?) eine Tür geöffnet hatte. An
dieser Stelle erwachte ich wirklich.

Eine weitere Variante, im Klartraum von einem Ort zum nächsten zu reisen, stellt die Tunnelprojektion dar. Allerdings ist es
nicht einfach, astrale Tunnel erscheinen zu lassen.

24.08.2013

Das heutige Übungsergebnis ist recht interessant. Ich finde mich
in einem Raum wieder, der dem Wohnzimmer meiner Eltern

*ähnlich ist. Allerdings befindet sich in der Zimmermitte jetzt eine Matratze, auf der sich drei Kinder mit Tablet-Computern in den Händen lebhaft darüber austauschen, wie sie sich physisch in die Wirklichkeit eines Computerspiels hineinbegeben könnten. Auf ihren Tablets können die Kinder zwischen ihren drei vernetzten PCs hin- und herschalten. Eines der Kinder stellt schließlich fest, daß einer der Rechner eine „Zeitverschiebung" gegenüber den anderen beiden aufweist. Dieser Rechner sei daher womöglich geeignet, die erwünschte Versetzung zu ermöglichen.*

*Diese Geschichte durchdenkend, meine ich schließlich, daß das so etwas wie ein gemeinsamer Klartraum wäre. Kaum habe ich diesen Gedanken geäußert, entsteht über der rechten Ecke der großen Matratze ein tunnelförmiger Farbwirbel in Dunkelblau und tiefem Violett; er gleicht dem auf einem Bild, das ich irgendwann mal im Internet entdeckt hatte. Nachdem ich durch den Wirbel hindurchgetreten bin, erreiche ich auf der anderen Seite eine kleine, grüne, bergige Insel, die mitten in einem unendlichen, schwarzen Nichts zu schweben scheint. Ich überlege noch, ob dies wohl die Computerspielwelt ist, zu der die Kinder vordringen wollten. Leider verliere ich ab diesem Punkt schnell den Faden und irre ins gewöhnliche Träumen ab. Übungsbeginn 5:30 Uhr.*

## Trainingseinheit

# Gehmeditationen

Meditationen, die im Gehen ausgeübt werden, zählen zur Gruppe der Aufmerksamkeitsübungen, wie sie im Zen-Buddhismus praktiziert werden. Grundsätzlich helfen alle Übungsformen, die das Körperempfinden verbessern und das bewußte Hinsehen einüben. Sie heben das Bewußtseinsniveau und können bisweilen äußerst interessante Effekte bewirken.

Eine erste Variante der Gehmeditation, die ich vorschlagen möchte, ist die bewußte Konzentration der gesamten Aufmerksamkeit auf ein langsames bewußtes Gehen. Die gezielt gespürten Bewegungsabläufe bei jedem Schritt und die gleichzeitige Achtsamkeit auf den Atemrhythmus sammeln den Übenden voll in seiner Wahrnehmung des Hier und Jetzt, was ein zentrales Ziel der Zen-buddhistischen Übungsform ist. Wer ganz bewußt im Hier und Jetzt zu sein vermag und Erfahrung darin gewinnt, wird auch auf der Bewußtseinsebene des Traums zu sich selbst finden können und luzid werden.

Ähnlichen Zielen dient eine weitere, von mir gelegentlich gebrauchte Variation der Gehmeditation, die auf Carlos Castañedas Lehrer Don Juan zurückgehen soll. Er empfiehlt, ausgedehnte Spaziergänge zu unternehmen, bei denen man sich einen Fixpunkt am Horizont sucht, auf den der Blick während der gesamten Wanderung geheftet bleibt. Die extreme Konzentration auf einen festen Punkt in der Landschaft verhilft dazu, die Verhaftung in der physischen Wirklichkeit aufzuheben und das Bewußtsein auf eine andere Ebene zu heben. Bei ausgedehnter Praxis können sich euphorische Gefühle und eine höchst eigentümliche, erweiterte Wahrnehmungsfähigkeit einstellen.

Abschließend noch eine Methode, die ich gerne an warmen Sommertagen verwende: den Barfußlauf. Hier kann man sich fest in der Konzentration auf das Hier und Jetzt verankern, indem bei jedem Schritt barfuß die Einzelheiten des Weges erfühlt werden: die Grashalme unter der Fußsohle, die von den Sonnenstrahlen erwärmten Steine auf dem mit Kies bedeckten Weg und vieles mehr.

# 27. Telekinese

Hiermit wird bekanntlich das willentliche Schwebenlassen von Dingen oder Personen umschrieben. Das Phänomen an sich ist aus der Fantasy-Literatur bestens bekannt und bedarf keiner weiteren Erläuterung. Im Klartraumzustand ist Tele- oder Psychokinese eine anwendbare Methode. Nicht immer glückt es allerdings so leicht wie im folgenden Beispiel. Auch hier gilt wieder der Tip, sich auf die Sache und nicht auf den Vorgang zu konzentrieren. Wer sich über diesen Gedanken macht, hat bereits verloren! Wenn sich die telekinetische Beeinflussung jedoch wie der allerselbstverständlichste Handgriff aus dem Handlungszusammenhang ergibt, glückt sie mühelos.

*29.12.11*
*Ein Klartraum dieser Nacht führte mich schließlich auf das große Freigelände eines Vergnügungsparks. Ich stand unter einer Überdachung bei einem Springbrunnen aus rotem Steinmaterial. Links gab es Kinder in Badekleidung, die in einem Kinderbecken planschten. Ich dachte, da es ein Traum ist, könnte ich die Kinder hochfliegen lassen. Ein Mädchen (?) hob sich daraufhin tatsächlich in die Luft und verharrte völlig angstlos dort kurz. Die übrigen Kinder ebenfalls zum Schweben zu bringen gelang mir indes nicht. Mit einem Mal war ich von Kindern umringt, die mich bedrängten.*

# Trainingseinheit
## Die Hände betrachten

Die letzte Trainingsmöglichkeit, die ich anbieten möchte, mag zugleich auch als die schwierigste gelten. Vergleichsweise wenige Klarträumer erzielen ohne weiteres Ergebnisse mit dieser Methode. Bei manchen scheint sie indes sehr wirksam zu sein, weshalb ich sie in diesem Buch nicht unterschlagen will. Die Klartraumgemeinde kennt die besagte Übung unter dem Begriff „Intentionstechnik"; sie wird auf Carlos Castañeda zurückgeführt. Sie basiert auf der Aufforderung, sich im Traum die eigenen Hände anzuschauen. Sobald diese konkrete Handlungsanweisung (Intention) im Traumzustand tatsächlich umgesetzt wird, liefert sie den Hinweis, gerade zu träumen, und Luzidität stellt sich ein.[8]

Um die Betrachtung der eigenen Hände im Traum zu ermöglichen, soll man sich während des Einschlafens bei geschlossenen Augen in entspanntem Zustand auf das Gefühl in den eigenen Händen konzentrieren und dabei imaginieren, daß man seine Hände zugleich auch visuell genau betrachtet. Schläft man mit dieser anhaltenden Konzentration ein, kann es gelingen, daß die Aufmerksamkeit innerhalb eines Traums dann ebenfalls sogleich oder irgendwann im Verlauf des

---

8   Vgl. dazu auch Lütge, Lothar-Rüdiger: *Carlos Castaneda und die Lehren des Don Juan. Eine praktische Anleitung, die es ermöglicht, Don Juans Lehren nachzuvollziehen und im täglichen Leben anzuwenden.* 1. Aufl. Freiburg im Breisgau 1984, S. 121ff.

Traumgeschehens auf die Hände gerichtet wird. Durch diese Ausrichtung der Achtsamkeit wird der Traumverlauf schließlich angehalten; Bewußtheit ist die Folge.

Wie gesagt, diese Übung zählt – wie eigentlich alle Trainingsmöglichkeiten, welche mit Visualisierungen arbeiten, die in den Traumzustand hinübergetragen werden sollen – zu den Höchstformen der Traumarbeit; diese lassen sich zumeist nur mit sehr beharrlicher Übung umsetzen. Castañeda selbst hat darauf hingewiesen, daß mithin jahrelanges Training nötig sein kann, um diese Methode mit Erfolg anwenden zu können.

# 28. Zoomen

Neben den bereits behandelten Fähigkeiten, im Klartraum beliebig Gegenstände zu materialisieren, Wände zu durchschreiten oder Umformungen durchzuführen, sei nun noch auf die Möglichkeit des „Zoomens" hingewiesen. Mittels des Zoomens können sehr weit entfernte Gegenstände oder Orte wahrgenommen werden. Versucht man direkt und willentlich zu zoomen, klappt dies oftmals nicht. Durch Interesse an irgendwelchen Details ergibt es sich aber leicht einmal ganz nebenbei. Es gilt, die Aufmerksamkeit auf die Dinge und nicht auf die Technik oder irgendwelche Tricks mit den Augen selbst zu richten.

25.03.2012

*In dieser Nacht habe ich intensive, aber nicht immer schöne Träume: In einem wird mir vorgeworfen, zu irgendeinem Termin nicht erschienen zu sein, von dem ich allerdings gar nichts wußte und den ich auch niemals ausgemacht hatte. In einer anderen Traumsequenz bin ich mit dem Putzen von Staub an meinem Fernsehgestell beschäftigt, das jetzt aber nicht in meiner, sondern in der Wohnung meiner Eltern steht. Und irgendwann träume ich schließlich, daß ich einen pechschwarzen, mit hellen Sternen* besetzten Himmel betrachte. Einige der Gestirne wirken zunächst wie Planeten, die durch ein Fernglas beobachtet werden: helle Sterne mit kleineren Lichtpünktchen außen herum, welche die Monde dieser Himmelskörper darstellen.

Dann aber erscheint eines der Gestirne an diesem schwarzen Himmel plötzlich wie durch ein starkes Teleskop betrachtet. Jupiter steht groß und strahlend vor meinen Augen, die gelbliche Scheibe zeigt die typischen zartbraunen Wolkenbänder mit Filialen, einem weißlichen „Großen Roten Fleck" und kleinen weißen Flecken in den Bändern. Wie ich feststelle, ist ein solcher Eindruck des Riesenplaneten mit bloßem Auge unmöglich, und daran erkenne ich, daß ich träume. Auch erkenne ich, daß ich mich in meinem Jugendzimmer befinde, das von der Leselampe warm von rechts erhellt ist. Ich stehe am Fußende des Bettes. Die Zimmerdecke und das Dach fehlen, so daß dort der beschriebene nachtschwarze Himmel mit dem riesigen, detailreichen Jupiter im Norden (was ja eigentlich nicht sein kann) zu sehen ist.

Ich steige auf, um zum Jupiter zu fliegen; von der linken Zimmerecke aus kann ich unter mir dunkle, saubere Dachziegel erkennen. Da ich bezweifle, die Reise zum Riesenplaneten bewältigen zu können, habe ich plötzlich keine Lust mehr, das Unterfangen überhaupt zu versuchen. Doch bin ich unentschlossen, was ich statt dessen tun soll. Hier verlieren sich meine Erinnerungen. Mit der Unentschlossenheit schwindet die Klarheit. Es ist 6:23 Uhr, als ich einige Zeit später auf den Wecker schaue.

# 29. Wirklich oder nicht?

Da der menschliche Geist dazu neigt, Erlebnisse einzuordnen, zu kategorisieren und nach Kriterien zu sortieren, haben sich hinsichtlich der luziden Träume und der auf Exkursionen explorierten Welten die verschiedensten Deutungsmuster entwickelt. Dabei hängen sowohl die traditionellen wie die individuellen Kategorisierungs- und Ordnungssysteme vom kulturellen Hintergrund und der persönlichen Weltsicht derer ab, die derartige Systeme ersonnen haben. Religiöse, philosophische oder wissenschaftliche Prägung und Vorbildung schlagen sich in der Deutungsweise nieder. Und dessen muß man sich bewußt sein!

Wenngleich an dieser Stelle keine Überzeugungsarbeit für irgendeine bestimmte Sichtweise geleistet und eine bestimmte Deutungsmöglichkeit absolut gesetzt werden soll, muß aus rein pragmatischen Gründen darauf hingewiesen werden, daß es Betrachtungsweisen gibt, die einmal den Zugang zum luziden Traum unnötig erschweren, zum anderen in der Exkursion selbst zu Behinderungen führen, weil sie vermeidbare Streß- und Angstbelastungen auslösen können.

Die esoterisch-okkulte Theorie unterscheidet sieben Astralebenen, die heute oftmals – in loser Anlehnung an die moderne physikalische Vorstellung eines Multiversums – als parallele Wirklichkeitsdimensionen aufgefaßt werden, die jede Nacht außerkörperlich im Traumzustand oder vollbewußt im Rahmen einer luziden Exkursion besucht und erkundet werden können. Jeder Okkultist und jede esoterische Schule bringt dabei ihre eigenen Zusatzannahmen und Hypothesen ein, die sich insbesondere auf die individuelle und kollektive Entwicklung der bewußten Wesen beziehen, die in diesen Astralebenen eine Art evolutionäre geistige Entwicklung und Entfaltung erfahren und, sich immer wieder ins irdische Leben reinkarnierend, der Vervollkommnung entgegenstreben.

Bei anderen steht der Reinkarnationsgedanke nicht so sehr im Vordergrund; hier spiegeln die Astralebenen verschiedene Grade der Bewußtheit und der ethisch-moralischen Qualität der Verstorbenen wider, die den irdischen Leib hinter sich gelassen haben und sich nun, auf anderen Seinsebenen angelangt, weiterentwickeln müssen.

Psychologische Einordnungs- und Deutungsversuche zum Klartraumzustand sehen innerpsychische Entwicklungsaufgaben des Individuums als zentral an. Der Klartraum bietet eine hervorragende Möglichkeit, sich seiner selbst anzunähern und an der eigenen Persönlichkeitsentwicklung zu arbeiten. Dies verändert dann auch nachhaltig die individuelle Einstellung und Haltung zur Umwelt und zu den Mitmenschen und wirkt sich somit, über das rein Individuelle hinaus, positiv auf die Gemeinschaft aus.

Beide Deutungsschemata, das okkulte wie das rein psychologische, stellen eine Vielzahl von Behauptungen und Zusatzhypothesen in den Raum, deren Überprüfbarkeit und Begründung jedoch fraglich bleibt. Einfachere und weniger weit aus-greifende Deutungsmöglichkeiten haben automatisch auch ein geringeres Ausmaß an zweifelhaften Konsequenzen – ein Grundgedanke, der in Philosophie und Wissenschaftstheorie als *Ockhams Rasiermesser* bekannt geworden ist.

Die persönliche Haltung und Einstellung, die Art und Wei-se, wie die Erlebnisse interpretiert werden, üben einen äußerst starken Einfluß auf die Art und Qualität der Erlebnisse im lu-ziden Traum aus. Bei meinen Übungen habe ich über weite Strecken hinweg das psychologische Konzept „Klartraum" zu-grundegelegt, mir also die Haltung zueigen gemacht, daß es sich bei den Erlebnissen um Träume, also um von der Simu-lationsvorrichtung Gehirn erzeugte Illusionen handelt. Diese Sichtweise hat den deutlichen Vorteil, daß ich völlig angst- und streßfrei in das Erlebnis gehen kann. Sterben irgendwel-che Personen oder ich selbst im Traum, hat dies keine letalen Folgen für die Wachwirklichkeit. Oder, wie Paul Tholey ein-mal süffisant bemerkte: Der Klarträumer kann ohne Angst die Silberschnur zerreißen. Er stirbt dadurch nicht und muß nicht befürchten, auf immer in der Astralwelt verloren zu sein.

Da das Konzept „Astralprojektion" insbesondere in seiner okkultistischen Ausprägung das Phänomen in die Nähe der Nahtoderlebnisse rückt, bleibt es nicht aus, daß eine von den Okkultisten oft beschriebene Barriere der Angst überwunden werden muß. Extrem dramatische und schreckenerregende hypnagoge Erlebnisse sind in diesem Zusammenhang in der Literatur dokumentiert. Nicht selten werden sie als die er-schreckendsten Erlebnisse erinnert, die je im Leben erfahren wurden. Mit dem Konzept „Klartraum" werden in der Regel sanfte Übergänge über Traumszenerien, geträumtes Wachliegen oder falsches Erwachen beschrieben.

Daß die genannten Ablösungsvorgänge beim morgendlichen Wiedereinschlafen keiner esoterisch-okkulten Erklärung bedürfen, zeigen einfache, aber eindrucksvolle psychologische Experimente zum „Körpersinn". Eine an einem Tisch sitzende Versuchsperson legt z. B. ihre rechte Hand hinter einen Sichtschutz. Auf dem Tisch vor ihr wird eine Kunststoffattrappe der rechten Hand sichtbar platziert. Werden nun der Handrücken der unsichtbaren Hand und die sichtbare Handattrappe mit einem Pinsel überstrichen und taktil gereizt, gewinnt der Proband alsbald den Eindruck, das Körpergefühl seiner echten Hand habe sich voll und ganz mit der Kunststoffattrappe identifiziert!

Mit Hilfe ähnlicher, etwas komplexerer Versuchsaufbauten gelingt es sogar, das Körperempfinden einer Person im vollen Wachzustand komplett auf einen anderen Körper zu übertragen, so daß diese in vollkommen realistisch anmutender Form das Gefühl gewinnt, in einem fremden Körper zu agieren! Phantomgliedmaßen und außerkörperliche Erfahrungen lassen sich also bei Personen im vollen Wachzustand realistisch simulieren. Daß dies beim Einschlafen und im Schlafzustand, wo sich die Sinneseindrücke und das Empfinden des physischen Körpers zurückziehen, um so überzeugender möglich ist, erscheint unter diesen Voraussetzungen keineswegs verwunderlich.

So vorteilhaft das Konzept „Klartraum" auch ist, so hat es auch gewisse Nachteile, mit denen ich geraume Zeit zu kämpfen hatte. Weil es die Erlebnisse zu einer bloßen, auf innerpsychischen Simulationsprozessen basierenden Illusion herabsetzt, hatten die Traumwelten oft einen etwas gedämpften und enttäuschenden Charakter insofern, als die unglaublich prächtigen und hochrealistisch erlebten phänomenalen „Astralwelten" nicht erreicht werden konnten. Es galt, das Konzept zu relativieren und dahin zu kommen, die Traumerlebnisse nicht nur als illusionär zu sehen, sondern ihnen eine eigene Realität zuzubilligen!

Als Harry Potter am Ende des Kapitels „Kings Cross" fragt, ob seine Begegnung mit dem verstorbenen Schulleiter real sei oder ob sie nur in seinem Kopf stattfinde, gibt Albus Dumbledore die salomonische Antwort, die zeigt, daß es auf die Betrachtungsperspektive ankommt: „Natürlich findet es in deinem Kopf statt! Aber warum um alles in der Welt soll es deshalb nicht wirklich sein?"[9]

Genau dieser Perspektivenwechsel war notwendig, um das Traumniveau zu heben, ohne sämtliche Implikationen der okkultistisch-esoterischen Lehren gleich mitübernehmen zu müssen.

---

9   Rowling, Joanne K.: *Harry Potter und die Heiligtümer des Todes*. Hamburg 2007, S. 731

# 30. Das Phänomen „Shared Dream"

Auf meiner Wunschliste zum Thema „Klartraum" steht noch etwas ganz Besonderes, etwas, das ich echt begeisternd fände, wenn es sich denn tatsächlich als realisierbar herausstellen sollte! Die Rede ist von der Erscheinung des „Shared Dream".

Beim „Shared Dream" finden sich luzide Träumer zu einer Gruppensitzung zusammen, um gemeinsam klarzuträumen. Bei einem gelingenden Versuch agieren sie in einem gemeinsam geteilten Traum miteinander! Die Vertreter der Idee erklären das Phänomen durch eine gegenseitige telepathische Beeinflussung. Die Realität des Phänomens ist freilich ziemlich umstritten und entzieht sich bislang einer kritischen Erfassung auf wissenschaftlicher Grundlage.

Bevor auf Telepathie getippt wird, müßten die erlebten Traumsituationen freilich genauestens auf die eventuelle Wirksamkeit bestimmter psychologischer Gesetze der Gruppendynamik hin betrachtet werden, die so manches, was auf einen „Shared Dream" hinzuweisen scheint, auch ohne „übernatürliche" Einflüsse erklären könnten.

Wenn mehrere Personen in der Absicht zusammenkommen, eine gemeinsame Klartraumaktion durchzuführen, werden diese Personen allein schon durch die gemeinsame Verabredung und Vorbereitung dieses Vorhabens eine starke Gruppendynamik auslösen, die im Einzelnen bedeutende intentionale und motivationale Kräfte freisetzt. Daß die beteiligten Personen dann tatsächlich in der Session Träume erleben, in denen die Gruppenmitglieder vorkommen und in irgendeiner Weise interagieren, ist daher zu erwarten (Erwartungseffekt). Zufällige, möglicherweise nur sehr vage Übereinstimmungen zwischen den Träumen werden später, besonders wenn die Auswertung und Besprechung ebenfalls gemeinsam erfolgen, in der Erinnerung der einzelnen Beteiligten unbewußt so umgeformt, daß sie zu den Erinnerungen der übrigen zu passen scheinen, und der Eindruck einer tatsächlichen konzertierten Aktion im Traum entsteht.

Dies beruht auf klassischen Beobachtungsfehlern, die dazu führen können, daß eben genau das gesehen wird, was man sehen will. Wächst der zeitliche Abstand zu dieser Übung, werden nurmehr die gefundenen Übereinstimmungen erinnert, während eventuelle Widersprüche und Abweichungen vergessen werden. Shared-Dream-Berichte, die aus einem größeren zeitlichen Abstand heraus verfaßt sind, werden daher in der Regel um so beeindruckendere Übereinstimmungen aufweisen.

Allein schon dieser kurze Einblick in die komplexen Zusammenhänge, die hier berücksichtigt werden müssen, um zu einer Beurteilung zu kommen, zeigen, daß „Shared Dreams" ein wirklich spannendes Thema sind. Leider gibt es darüber bislang kaum aussagekräftiges oder überhaupt zugängliches Material.

# 31. Wie dokumentieren?

Dokumentation ist wichtig, aber nicht sooo wichtig! Details von luziden Träumen und Exkursionen werden sehr schnell vergessen, so daß sich stichwortartige Notizen in einer am Bett bereitliegenden Kladde gleich nach dem Aufwachen auf jeden Fall empfehlen. Später werden diese dann zu zusammenhängenden Texten ausgearbeitet. Meine eigenen Traumdokumentationen veröffentliche ich in meinem Klartraum-Blog.

Wer sich für seine Träume rege interessiert, wird alsbald feststellen, daß sie in ihrer Intensität, Anzahl und Länge erheblich zunehmen werden. Die oft angeratene minutiöse Aufzeichnung jedes Traumerlebnisses artet dann schnell in einen kaum mehr zu überblickenden, geschweige denn zu bewältigenden Arbeitsaufwand aus, der einem durchaus die Lust auf den Traumschlaf rauben kann! Hier darf man sich von den vielen Behauptungen der unbedingten Notwendigkeit der Aufzeichnungen nicht irremachen lassen!

Ich für meinen Teil bin inzwischen dazu übergegangen, über meine gewöhnlichen Träume keine Aufzeichnungen mehr anzufertigen, ohne daß ich dadurch einen Einbruch der Klartraumfähigkeit erlebt hätte – im Gegenteil: Diese Entscheidung hatte eine befreiende Wirkung! Die Anzahl seltsamer, teilweise unangenehmer Träume ist seither zurückgegangen, und der Frust darüber, schon wieder „bloß" unluzid geträumt zu haben, ist nicht mehr gegeben, da ich nun die gewöhnlichen

Träume einfach als gewöhnliche Träume genießen kann und mir hier keine luziden Erlebnisse mehr erhoffe.

Obwohl ich also gewöhnliche, unluzide Träume nicht protokolliere, achte ich doch auf solche Traumsequenzen, in denen beinahe Bewußtheit erlangt wurde. Beim nachträglichen Durchdenken eines Traumerlebnisses fallen einem diese Situationen leicht ins Auge. Zumindest eine Kurznotiz zu diesen Traumsequenzen anzulegen kann lohnend sein. Es erhöht die Chance, in einer ähnlichen Situation eines nächsten Traums die Gelegenheit besser nutzen zu können!

Hier ein Beispiel einer solchen Notiz für mich selbst über zwei nur knapp verpaßte Klarheitsmomente:

09.11.13

*Ich bin in einem wäldlich gelegenen Dorf an einem Fluß. M. schießt, begleitet von einem mir fremden älteren Herrn, Fotos von einer steinernen Kniebank vor einer Kirche. Mir wird das ganze alsbald sehr langweilig, und ich werde dessen überdrüssig. In mir keimt der Wunsch auf, in einen Klartraum überzugehen. Nicht umsonst ist Unlust auf bzw. Frustration über einen gegebenen Trauminhalt kein seltener Anlaß, in einem Traum luzid zu werden!*

In einer späteren Sequenz desselben Traums stemme ich mich mit großer Leichtigkeit in einen kerzengeraden Handstand auf einem Tisch, gehe auf Händen am Tischrand entlang und lasse mich dann gemächlich zurück auf die Füße zu Boden sinken. *Leichtigkeit* und *Schwerelosigkeit* der Bewegungen ist hier das signifikante Traumanzeichen.

In beiden Fällen wurde die Bewußtseinsklarheit nur um ein Haar verpaßt – leider!

# 32. Schlußwort: Was nützt das?

„Träume sind Schäume!"; sagte meine Mutter, als ich ihr einmal zu erklären versuchte, worum es bei dem für sie doch einigermaßen befremdlichen Thema eigentlich geht, mit dem ich mich da seit geraumer Zeit beschäftige. In diesem Ausspruch schwang eindeutig die Frage mit, wozu diese Beschäftigung mit der eigenen Traumwelt denn überhaupt gut sein soll. Die verwirrenden, manchmal unverständlichen Ergebnisse meiner Experimente mit der Traumwelt ließen die Frage auch für mich durchaus berechtigt erscheinen. Der Nutzen mochte wirklich ein wenig zweifelhaft sein. Und gewisse Hoffnungen, die mancher mit dem OBE-Zustand verband, waren wohl eher unrealistische „Tagträumereien".

So habe ich beispielsweise für mich festgestellt, daß die Möglichkeit, gewissermaßen „übernatürliche Kräfte" zu erlangen, wahrscheinlich wohl doch eher in das Reich der Phantasie verwiesen werden muß bzw. die hier denkbaren Entwicklungen in einem etwas bescheideneren Rahmen bleiben werden, als sich dies ein mit viel Vorstellungskraft Gesegneter erhoffen würde.

Schwierig finde ich es auch, aus OBEs und luziden Traumerfahrungen verläßliche Schlußfolgerungen über tiefe Fragestellungen wie die nach der Existenz einer Seele und deren Fortleben nach dem physischen Tod, nach dem Wahrheitsgehalt der religiösen Traditionen dieser Welt oder nach der Existenz oder Nicht-Existenz des Gottes der abrahamitischen Religionen zu ziehen. Manche OBEler fühlen sich hier aufgrund ihrer persönlichen Erfahrungen auf anderen Wirklichkeitsebenen, die sie als Jenseitswelten auffassen, zu Beurteilungen berufen. Ich hingegen bin mir über die Erkenntnis- und Antwortmöglichkeiten aber keineswegs so sicher.

Dennoch bin ich bei den Experimenten geblieben! Denn was ich auf jeden Fall festhalten kann, ist, daß außerkörperliche Erfahrungen und luzide Träume in einer völlig anderen Weise ganz erheblich in den Alltag hineinwirken! Sie haben nämlich eine positive, manchmal sogar etwas euphorische Stimmung zur Folge, deren Ursache ich mir noch immer nicht recht erklären kann. Vielleicht liegt es daran, daß es eben Freude auslöst, einen Zustand erfahren zu dürfen, der nicht jedem jederzeit und so ohne weiteres offensteht, und Abenteuer in im wahrsten Sinne des Wortes „magischen" Welten zu erleben, die normalerweise nicht tagbewußt und selbstbestimmt durchwandert werden! Das ungeheuer gute Gefühl, das einer solchen Erfahrung folgt, trägt mich durch den gesamten Tag hindurch und verändert meine Wahrnehmung der Wachwirklichkeit. Anders ausgedrückt: Luzide Träume leisten bei mir einen Beitrag zur Lebensfreude!

Zudem habe ich das Gefühl, daß sie gesundheits- und vitalitätsfördernd wirken. Insbesondere bei Erkältungserkrankungen meine ich, Linderung zu erfahren, wenn mir in den Nächten gute Exkursionen gelingen.

Schaue ich mir nur diese kleine Liste von Stichworten an, die von Freude über Wahrnehmungsveränderung bis hin zu vitalitätsfördernder Wirkung mit gesteigertem Wohlbefinden reicht, bin ich mir sicher, daß sie eigentlich schon genug des Nutzens belegt!

Nutzen und Profit in dem Umfang, wie sie reine Pragmatiker oder der moderne *Homo oeconomicus* einfordern würden, hat diese Sache freilich definitiv nicht. Aber vielleicht soll das ja gerade so sein! Womöglich enthält gerade dieser Umstand eine sehr bedeutsame Lehre für uns!

# Literatur

Das vorliegende Buch fußt großteils auf meinen eigenen Erfahrungen und Experimenten. Auf dem Weg zur eigenständigen Erkundung der Astralwelt waren folgende Bücher, Aufsätze und Online-Adressen besonders hilfreich und inspirierend für mich.

**Castañeda, Carlos:** *Die Lehren des Don Juan. Ein Yaqui-Weg des Wissens,* Frankfurt am Main 1973

**Duerr, Hans Peter:** *Traumzeit. Über die Grenzen zwischen Wildnis und Zivilisation,* Frankfurt am Main 1984

**Hasselmann, Varda/Schmolke, Frank:** *Weisheit der Seele. Trancebotschaften über den Sinn der Existenz,* München 1995

**LaBerge, Stephen:** *Hellwach im Traum. Mehr Selbsterkenntnis und Selbstbestimmung durch bewußtes Träumen,* München 1991

**Lütge, Lothar-Rüdiger:** *Carlos Castaneda und die Lehren des Don Juan. Eine praktische Anleitung, die es ermöglicht, Don Juans Lehren nachzuvollziehen und im täglichen Leben anzuwenden,* 1. Aufl. Freiburg im Breisgau 1984

**Mrsich, Wilhelm:** *Erfahrungen mit Hexen und Hexensalbe,* in: Mensch und Schicksal, Juni 1957; Nachdruck in: Unter dem Pflaster liegt der Strand, Band 5, Berlin 1978, S. 109-119

**Monroe, Robert A.**: *Der Mann mit den zwei Leben*, 3. Aufl. München 2005

**Peterson, Robert**: *Praxis der außerkörperlichen Erfahrung*, 4. Aufl. Aachen 2007

**Sheldrake, Rupert**: *Sieben Experimente, die die Welt verändern könnten. Anstiftung zur Revolutionierung des wissenschaftlichen Denkens*, 2. Aufl. München 1994

**Tholey, Paul**: *Klarträumen – wie geht das?* in: Psychologie Heute, Dezember 1982

**Tholey, Paul**: *Die Entfaltung des Bewußtseins als ein Weg zur schöpferischen Freiheit – Vom Träumer zum Krieger*, in: Bewußt Sein, Vol. 1, 1989, S. 25-56

## Online-Quellen zum Thema Astralwanderungen und luzides Träumen:

http://animus.fateback.com/animus/klartraum/6.html
*Aufschlußreich hinsichtlich der Techniken zur Klartrauminduktion und deren wissenschaftlichem Hintergrund*

http://klartraum79.blog.de/
*Das Online-Blog von Frank Lowinsky*

http://de.wikibooks.org/wiki/Klartraum
*Wikibook, ein freies Lehr-, Sach- und Fachbuch zum Thema Klartraum*

http://www.klartraum-wiki.de/wiki/Hauptseite
*Wissenssammlung rund um das Thema Klarträumen/luzides Träumen, an der – wie bei Wikipedia auch – jeder Interessierte mitarbeiten kann*

http://www.oobe.ch/gracia.htm
*Wer sich für die esoterisch-okkultistische Lehre von den Astralebenen und deren Einfluß auf das Erleben innerhalb der Welt des luziden Traums interessiert, ist mit den von Werner Zurfluh und Timo Pasternak übersetzten Materialien von Don DeGracia gut bedient*

http://www.paranormal.de/para/ballabene/obe/unobeind.htm
*Alfred Ballabene bietet hier eine Vielzahl informativer Texte aus eigener Feder zum Thema „Astralwandern" zum Download an*

http://www.traum-welt.org/kurs.html
*Obwohl etwas holperig aus dem Polnischen übersetzt, bietet die Seite z. T. einen recht brauchbaren Kurzüberblick über die verschiedenen Klartraumtechniken und Realitätstests*

http://oekotopia.com/2007-01/neue-wild-technik-umgekehrtes-blinzeln.html
An dieser Übersicht über eine WILD-Technik (Wake Induced Lucid Dream) ist besonders Abschnitt 4 über den Umgang mit den „Plasmawolken", also dem Eigenrauschen bei geschlossenen Augen, bedeutsam

## Über den Autor

Frank Lowinsky, Jahrgang 1979, studierte Evangelische Theologie und Philosophie und arbeitet als Grundschullehrer im rheinland-pfälzischen Schuldienst. Ende der 1990er Jahre erfuhr er von der faszinierenden Möglichkeit des astralen Reisens und luziden Träumens. Seit 2012 schreibt er den Online-Blog klartraum79.blog.de, auf dem aktuelle Experimente und Erlebnisse auf anderen Bewusstseinsebenen verfolgt werden können.
Der Autor lebt in Diedesfeld a. d. Weinstraße.

Zu beziehen in jeder guten Buchhandlung

*Omega®-Verlag*   G. Bongart & M. Meier (GbR)

Karlstraße 32
tel 0241–16 81 630
e-mail: info@omega-verlag.de

D-52080 Aachen
fax 0241–16 81 633
http://www.omega-verlag.de